Robert Niemann

Die Wahl Lothars v. Sachsen zum deutschen König

Robert Niemann

Die Wahl Lothars v. Sachsen zum deutschen König

ISBN/EAN: 9783742890016

Hergestellt in Europa, USA, Kanada, Australien, Japan

Cover: Foto ©ninafisch / pixelio.de

Manufactured and distributed by brebook publishing software (www.brebook.com)

Robert Niemann

Die Wahl Lothars v. Sachsen zum deutschen König

DRUCK DER DIETERICHSCHEN UNIV.-BUCHDRUCKEREI

W. FR. KAESTNER.

Es war am 23. Mai des Jahres 1125, als Heinrich V. nach zwanzigjähriger Regierung für immer die Augen schloss. Er war der letzte des salischen Stammes, der hundert Jahre die deutsche Königskrone getragen hatte. Aus nicht sehr hohem Stande war Konrad II, der Erste des Geschlechts, gleichsam wie durch einen Glücksfall zur höchsten Würde der Christenheit berufen. Durch Umsicht und Kraft verstand er es, sowol den Fürsten des deutschen Reiches, als der Kirche gegenüber seine Stellung zu wahren, dem gesunkenen Ansehen der Krone durch Zerteilung und Unterdrückung der widerstrebenden Elemente im Reich neuen Glanz und neue Macht zu verschaffen. Das Kaisertum nimmt unter ihm immer mehr den Karakter an, den es später gewahrt hat: die universale Stellung Ottos I. wird aufgegeben; dagegen ist es die einigende Macht der drei Reiche Deutschland, Italien und Burgund und hat in diesen drei Ländern seine eigentlichen und festen Grundlagen. — In diese Verhältnisse tritt Heinrich III. ein, an Genie und Tatkraft noch grösser als der Vater. Durch Unterdrückung der territorialen Gewalten sucht er die Macht der Krone noch höher zu heben, und in enger Verbindung mit dem Pabsttum, das er mit kräftiger Hand aus tiefer innerer Zerrüttung herausgerissen, und über das er eine unbestrittene Obergewalt ausübt, erhebt er das Kaisertum zur höchsten Stufe der Macht. Aber seine Regierung ist nur eine Art Uebergangsstadium, er hat sehr bedeutendes erreicht, doch nichts fest begründet. Sein Sohn Heinrich IV. versucht auf den Wegen seiner Vorfahren fortzuschreiten. Doch die Macht der Fürsten, die in den letzten Jahren Heinrichs III. sich schon mächtig geregt hatte, benutzt die Zeit der Minderjährigkeit des neuen Königs, um sich völlig auszubilden; das Pabsttum durch die Reformation

Heinrichs III. zu neuer Kraft gelangt, wendet diese jetzt gegen den Kaiser selbst. Fast funfzig Jahre lang kämpft Heinrich IV. mit der zähen Ausdauer seines Geschlechts gegen diese beiden Gewalten, bis er endlich unterliegt.

Unter günstigen Auspicien begann Heinrich V. seine Regierung. „Heiss[1]) ersehnte das Volk den Frieden nach den stürmischen Tagen des Vaters. Der junge König schien wie vom Himmel selbst bestimmt, um den Streit zu schlichten. Durch den Tod seines Vaters war die kaiserliche Partei an ihn gewiesen, sie fand an ihm jetzt ihren Mittelpunkt, während er sich schon früher zum Vertreter der kirchlichen Sache aufgeworfen hatte. Die grossen Gegensätze seiner Zeit glichen sich wie von selbst in seiner Person aus, hoben sich gleichsam durch sein Regiment auf; niemand konnte Frieden stiften, als er allein." Aber er benutzte seine Stellung nicht. Auch er ganz in den Bahnen seiner Väter wandelnd versucht die Macht der Krone auf Kosten der territorialen Gewalten zu erheben, die Anerkennung der Oberhoheit über das Pabsttum zu erzwingen, und von neuem und heftiger entbrennt der Kampf der Fürsten gegen den König, des Pabstes gegen den Kaiser. Die Erschöpfung beider Parteien führt endlich zum Frieden, durch den Vertrag von Worms wird der Investiturstreit beendigt. Der Kaiser behauptet zwar mehr, als er anfangs vielleicht selbst erwartet, aber den Anspruch auf Oberhoheit über das Pabsttum muss er aufgeben. Das Pabsttum steht von da an als selbstständige Macht neben dem Kaisertum. Auf Vermittlung und unter dem Einfluss der Fürsten war der Vertrag zu Stande gekommen — natürlich gewannen auch diese wesentlich dabei. — Im dritten Jahre nach dem Wormser Concordat starb der Kaiser.

War nun durch diesen Vertrag der Streit zwischen Kaisertum und Pabsttum völlig beseitigt? Im Gegentheil! Nur über einen Punkt hatte man sich geeinigt, der Investiturstreit war geschlichtet, weiter hatte das Kaisertum nichts aufgegeben; auf der andern Seite aber war das Pabsttum durch diesen Erfolg einen bedeutenden Schritt zur Durchführung

---

1) Giesebrecht, Gesch. d. d. Kaiserzeit III. 747.

der gregorianischen Pläne weiter gekommen. Hatte es einmal erreicht als eine dem Kaisertum gleichstehende Macht zu gelten, was lag näher, als auf dieser Basis weiter zu bauen, nach und nach den kaiserlichen Einfluss auf die Bischofswahlen ganz zu verdrängen und endlich den Anspruch auf eine Oberhoheit über alle Gewalten der Christenheit, geistliche und weltliche, und damit auch über das Kaisertum selbst zu erheben?! Im Wormser Concordat lagen die Keime der spätern furchtbaren Kämpfe zwischen Kaisertum und Pabsttum verborgen. Auch den Fürsten gegenüber hatte Heinrich V. viel verloren, namentlich in Baiern, Schwaben und Sachsen hatten sich sehr starke territoriale Gewalten entwickelt, die, wie auch alle kleineren Fürsten, eine immer selbstständigere Entfaltung ihrer Macht erstrebten.

So war die Stellung, welche die Nachfolger Heinrichs V. einzunehmen hatten, gewiss eine sehr schwierige. Doch für den jetzt neu zu wählenden König lagen die Verhältnisse insofern günstiger, als der siebzigjährige, fast ohne Unterbrechung geführte Kampf eine allgemein empfundene Sehnsucht nach Frieden hervorgerufen hatte, dass die Mehrzahl der deutschen Fürsten und der Pabst selbst fest entschlossen waren, die Bestimmungen des Concordats aufrecht zu erhalten und so den Frieden zu wahren. Immerhin aber war es unter diesen Umständen von grosser Bedeutung, auf wen die Wahl der Fürsten, welche das Recht sich ihren König frei zu wählen jetzt seit hundert Jahren zum ersten Mal wieder ausüben konnten, fallen würde. Wol war man sich auch in jener Zeit der entscheidenden Wichtigkeit dieses Aktes bewusst. Dies zeigt der Brief [1]), den die in Speier bei dem Leichenbegängnis Heinrichs V. versammelten Fürsten an Otto von Bamberg richteten, und in dem es heisst: „Wir wünschen, dass Ihr wol eingedenk der Unterdrückung, unter der die Kirche mit dem gesammten Reich bis jetzt gelitten hat, die göttliche Vorsehung anfleht, sie möge bei der Erwählung einer andern Person so für ihre Kirche und das Reich sorgen, dass sie von nun an von einem solchen Joch befreit bleibe und nach ihren Gesetzen leben könne,

---

1) Jaffé, Bibliotheca V. 396 f.

und wir alle mit dem uns untergebenen Volke der zeitlichen Ruhe uns erfreuen [1]).

Dies zeigt ferner die ungewöhnlich zahlreiche Beteiligung der deutschen Fürsten an dem Wahltage in Mainz [2]), und nicht weniger auch der Umstand, dass Gesandte des päbstlichen Hofes an der Wahlversammlung teilnahmen [3]).

In zwei grosse Parteien, für und gegen den Kaiser, war ganz Deutschland während Heinrichs V. Regierung gespalten. Erzbischof Adalbert von Mainz, der die Emancipation der Kirche und Lothar, Herzog von Sachsen, der die Unabhängigkeit der territorialen Gewalten von der Krone erstrebte, waren die Häupter der antikaiserlichen Partei, während an der Spitze der kaiserlichen Friedrich von Staufen und neben ihm Gottfried, Pfalzgraf bei Rhein, und Herzog Heinrich von

---

1) Ich glaube nicht, dass in diesen Worten, wie Jaffé (Gesch. d. d. Reiches unter Lothar 25) meint, die Fortsetzung der ganzen Opposition liegt, die Adalbert gegen die Regierungsweise Heinrichs V. ununterbrochen geübt hatte, noch weniger, dass hierin eine Ausschliessung Friedrichs v. Staufen vom Königstrone angedeutet werden soll; gegen beides spricht, dass sowol Friedrich wie seine und Heinrichs Anhänger, Heinrich von Baiern und Pfalzgraf Gottfried den Brief mitunterzeichnet haben. Vielmehr zeigen die Worte nur, dass es den Fürsten klar war, worauf es bei der Wiederbesetzung des Trones ankam: Einen Mann zu wählen, von dem man überzeugt sein konnte, dass er die durch den Wormser Vertrag gewonnenen Resultate, zu deren Erreichung aber Friedrich, Heinrich und Gottfried mindestens ebensoviel getan hatten, als die Gegenpartei, nicht gefährden würde.

2) Narr. de elect. Loth. M. G. SS. XII. 510: Congregatis .. hinc inde principibus legatis scilicet domni apostolici . . . . quot et quantos nulla tempore nostro curia ceperat — utpote quos non imperialis ut ante potestas sed communis maximi negotii necessitas asciverat. Die ann. Hild. 1125 sagen: In festo St. Bartholomaei omnes tocius regni principes Mogontiam conveniunt; und ebenso die ann. St. Jacobi Leod. a. 1125: Succedit Lotharius . . . . . . electus in regem a cunctis pene regni primoribus Mogonciae.

3) In Angabe der Zahl der anwesenden päbstlichen Legaten sind die Quellen nicht ganz übereinstimmend. Otto Fris. Chr. VII. 17 erwähnt nur einen; die narr. sagt zwar anfangs congregatis .. legatis domni apostolici, spricht aber im Verlauf der Erzählung immer nur von einem Legaten. Anselm. Gembl. dagegen nennt die Legaten Eurardus und Romanus als gegenwärtig bei der Wahl. S. auch Jaffé a. a. O. 28 Note 13.

Baiern standen. Der Wormser Vertrag hatte beide Teile äusserlich wol etwas näher gebracht. Doch standen die Häupter derselben sich auch nachher noch ebenso schroff gegenüber; zumal Lothar, wenigstens soweit wir wissen, an dem Vertrage gar nicht teilgenommen hatte, und Adalbert alles versuchte, ihn wieder umzustürzen [1]. Es war natürlich, dass zu der bevorstehenden Königswahl jede Partei ihren eigenen Candidaten aufgestellt hatte.

Die grössten Ansprüche auf den Tron glaubte Friedrich II., Herzog von Schwaben, zu haben. Er war der nächste Verwandte Heinrichs V., ihm, als seinem Erben, hatte der sterbende Kaiser die Obhut über seine Gemahlin und seine Hausgüter übertragen [2], in seiner Gewalt waren auch die Reichsinsignien, die auf der kaiserlichen Burg Trifels verwahrt wurden, ein Besitz, der in jener Zeit von bedeutender Wichtigkeit war. Allerdings wird nicht berichtet, dass Heinrich V. seinen Neffen Friedrich den um ihn versammelten Fürsten zum Nachfolger vorgeschlagen habe [3], doch mag er wol nicht daran gezweifelt haben, dass man ihn wählen würde. Und in der Tat musste schon der Umstand, dass Friedrich durch seine Mutter zur stirps regia gehörte, ein grosses Gewicht für ihn in die Wagschale legen. Denn waren die Verhältnisse in dieser Zeit auch nicht mehr so, wie im Jahre 1002, wo man, wie die Worte des Grafen Liuthard zum Markgrafen Eckhard [4], dem Nebenbuhler Heinrichs II., zeigen, die Zugehörigkeit zur stirps regia zur Erlangung der Krone noch für notwendig hielt, so lebte doch jedenfalls im Volke noch ein Gefühl davon, dass die Verwandschaft mit dem Königshause auch ein gewisses Recht auf die Nachfolge einschliesse, ein Gefühl, das auch die Forchheimer Wahl

---

1) S. hierüber Giesebrecht a. a. O. III. 914 f. u. 1175 f.
2) Eccehard. Chronicon 1125. M. G. SS. VI. 264. (Heinricus) proprietates suas atque reginam .. Friderici utpote heredis sui fidei commisit, coronam ceteraque regalia usque ad conventum principum conservanda in castello firmissimo, quod Trifels dicitur, reponi disposuit.
3) Eccehard a. a. O. sagt nur de regni statu, prout potuit, consilium dedit.
4) Thietm. Chron. IV. 32: Num, inquit, currui tuo quartam deesse non sentis rotam?

nicht hatte ersticken können. Wir dürfen dies gewiss daraus schliessen, dass Friedrich selbst auf seine Verwandtschaft mit Heinrich seine Ansprüche gründete [1]); dass die deutschen Städte, wie Speier, Augsburg, Regensburg, Ulm Lothar nicht für einen legitimen König hielten, sondern die Staufer, als die Erben der salischen Kaiser. Dasselbe scheint auch Landulf [2]) ausdrücken zu wollen, wenn er von dem feierlichen Empfange, den die Mailänder dem Herzog Konrad, als ihrem natürlichen Könige, machen, spricht. Nicht weniger bestätigt auch der Fortsetzer Sigeberts unsere Meinung, wenn er sagt [3]): „Nach König Lothars Tode wählten die Fürsten des deutschen Reiches, da sie einen mit dem königlichen Geschlecht nicht Verwandten nicht zum Herrscher haben wollten, Konrad, einen Mann von königlichem Geschlecht, zum König"; wie denn auch Konrad selbst, als König, in seinen Urkunden die Verwandtschaft mit dem salischen Hause sehr nachdrücklich betont. Hierzu kam, dass Friedrich einer der mächtigsten Fürsten Deutschlands war [4]), dessen Besitzungen in Schwaben und Elsass durch das salische Erbe, namentlich in Franken, noch bedeutend vermehrt wurden. In der Blüte der Jahre stehend, hatte er sich in den Kämpfen für Kaiser Heinrich schon bedeutenden Kriegsruhm erworben, sodass man von ihm sagte [5]): Herzog Friedrich zieht am Schweife seines Rosses immer eine Burg nach sich. Otto von Freising [5]) nennt ihn tapfer im Kriege, in Geschäften gewandt, heiter von Antlitz und Gemüt, leutselig im

---

1) Chron. S. Andreae 1125 (M. G. SS. VII): Cum cognati ejus (Heinrici) Conradus et Fridericus hereditarie regnum sibi vellent usurpare. — Hist. reg. Ludovici VII in Recueil des hist. des Gaules XII. 125. Cum dux Alemanniae Fridericus, eo quod defuncti imperatoris Henrici nepos esset, regnum obtinere niteretur.

2) Historia Mediolan. c. 53. M. G. SS. XX. 44. . . . clerus et populus Mediolanensis nobilem principem Conradum cum ecclesiastica pompa et civili thriumpho conveniente regi naturali suscepit.

3) Sigeb. cont. Gemblac. ann. 1138. M. G. SS. VI. 306.

4) Ordericus Vit.. (M. G. SS. XX. 77) erzählt, dass Friedrich allein mit 30,000 Bewaffneten zum Wahltage in Mainz erschienen sei.

5) Gesta Frider. I. 12.

Gespräche und so freigebig, dass die Menschen gern unter ihm Kriegsdienste taten. Nahe Verwandtschaft verband ihn mit den grossen Familien Deutschlands. Der mächtige Baiernherzog war sein Schwiegervater [1]), Markgraf Leopold von Oestreich der zweite Gemahl seiner Mutter [2]). Auch unter den Bischöfen zählte er Anhänger [3]). Ueberhaupt hatte er sich zu der kirchlichen Partei in den letzten Jahren besser gestellt, indem er die Freiheiten der Kirche gegen seines Oheims Uebergriffe geschützt hatte [4]). Aber grade das zu grosse Vertrauen, das er dieser Partei entgegentrug, das er den trügerischen Worten eines Adalbert schenkte, sollte für ihn verhängnissvoll werden.

Denn der Erzbischof und seine Anhänger richteten ihre Blicke auf einen ganz andern Mann, das war Lothar, Herzog von Sachsen. Fast während der ganzen Regierung Heinrichs V. hatte er an der Spitze der weltlichen Opposition gestanden und sich auch nach dem Wormser Vertrage nicht mit dem Kaiser ausgesöhnt, so dass noch 1124 ein allgemeiner Reichsfeldzug gegen ihn angesagt war. So ein natürlicher Bundesgenosse der kirchlichen Partei hatte er sich derselben stets sehr ergeben gezeigt [5]), hatte Adalbert zu allen Bestrebungen gegen den Kaiser hülfreiche Hand geboten; natürlich dass dieser und mit ihm seine Anhänger dem Her-

---

1) Otto Frising a. a. O. I. 14.
2) Ibidem I. 10.
3) Die narr. (M. G. SS. XII. 510) nennt den Bischof Berthold von Basel.
4) Ob die Annäherung Friedrichs an die kirchliche Partei, namentlich an Adalbert, bloss aus eigennützigen Zwecken geschehen ist, und man ihm deshalb, wie Gervais (politische Gesch. Deutschlands unter Kaiser Loth. III. 3) meint, Treulosigkeit gegen den Kaiser vorwerfen muss, oder ob nicht vielmehr die aufrichtige Liebe zum Frieden und das Bestreben die Bestimmungen des Würzburger Abkommens und des Wormser Vertrages gegen die willkürliche Handlungsweise Heinrichs V. aufrecht zu erhalten, ihn zu Schritten gegen den Kaiser bewogen, dürfte schwer zu entscheiden sein.
5) Der ann. Saxo 1125 nennt ihn ecclesiae studiosus defensor, sacerdotii fidelissimus coadunator und fügt ferner hinzu denique in scismate ... iste religiosus et catholicus princeps principalem animum gerens quorumlibet ecclesiae fidelium defensor exstitit.

zoge eng verbunden und zu grossem Danke verpflichtet waren. Hierzu kam, dass Lothar durch geschickt und glücklich geführte Kriege gegen den Kaiser und gegen die Slaven sich grossen Ruhm erworben hatte [1]. Als umsichtiger, tüchtiger Regent hatte er sich in der Verwaltung seines Herzogthums bewiesen. Unablässig war sein Streben darauf gerichtet eine ebenso selbstständige Stellung, wie die Herzöge von Baiern und Schwaben sie einnahmen, zu erringen, und er erreichte seine Absicht soweit, dass er es wagen konnte die Verleihung der Ostmark und Meissens von Seiten des Kaisers nicht nur nicht anzuerkennen, sondern dieselben selbstständig an ihm befreundete Fürsten zu vergeben [2]. Die Sachsen sahen unter ihm die Zeiten eines Otto und Heinrich I. wieder erblühen; bei allen seinen Zeitgenossen stand er in dem Rufe grosser Frömmigkeit. Endlich war er durch seine Heirat mit Richinza, der Enkelin Ottos von Nordheim, einer der reichsten Fürsten Deutschlands geworden. Alle diese Gründe waren wol geeignet ihm nicht geringe Ansprüche auf die Krone zu verschaffen.

Ob die in Speier beim Leichenbegängnis Heinrichs versammelten Fürsten schon dort sich über die Wahl eines neuen Königs beraten haben, wissen wir zwar nicht bestimmt, doch scheint dies aus den Worten des an Otto von Bamberg gerichteten Briefes hervorzugehen. Jedenfalls aber waren diese Beratungen sehr unverfänglicher Art, da die Fürsten der entgegengesetzsten Parteien den Brief unterschrieben haben.

Ueber die Ereignisse bis zur Königswahl, über die Anstrengungen, welche beide Parteien zu Gunsten ihrer Can-

---

1) Ann. Saxo 1125: Virum jam inde ab adolescentia in bellis experientissimum. Quocumque enim se verterat speciali quodam fato quo Caesar Julius usus vincebat; und nachher: strennuitate bellorum fortissimus et nullius unquam timore perterritus. Petrus Diac. c. 87 ..... Lotharium armis experientissimum religione et prudentia multa pollentem, qui per plura annorum curricula Leuticos expugnans sub Romano imperio redegerat, utilem atque idoneum ad Imperiale fastigium accipiendum judicavit (Adelbertus). — Anselm Gembl. 1125: (Lotharius) praepotens divitiis et victoriis.

2) Ann. Saxo 1123. Cosmas Pragensis M. G. SS. IX. 126.

didaten gemacht haben, lassen uns die gleichzeitigen Quellen fast ganz im Unklaren. Nur über die Tätigkeit Adalberts hat Albert von Stade eine etwas ausführlichere Notiz, die aber, da sie aus späterer Zeit stammt, nur mit Vorsicht aufzunehmen ist.

Nicht zu bezweifeln ist, dass der Erzbischof, ehe man sich in Mainz zur Wahl versammelte, schon begonnen hat für die Durchführung seiner Pläne zu wirken. Dieser Adalbert ist eine der interessantesten Persönlichkeiten jener Zeit. Tätig, klug, kühn, energisch in Allem, was er angriff, würde man ihn bewundern können, wenn er nicht durch und durch falsch, wenn nicht masslose Herrschsucht, massloser Ehrgeiz die Triebfeder seines Handelns gewesen wäre. Von der Stunde an, wo er den Mainzischen Erzbisstuhl bestiegen, hatte er kein anderes Ziel vor Augen, als die Kirche gänzlich von jedem weltlichen Einfluss zu emancipiren, sich selbst aber an die Spitze in Deutschland zu stellen, unter sich alle Gegner des Kaisers zu vereinigen, um diesen so zu stürzen, und er scheute zur Durchführung desselben vor keinem Mittel zurück. Schnödeste Undankbarkeit gegen seinen Woltäter, Hochverrat, Krieg, Alles was seinem Zwecke dienlich schien, galt ihm für erlaubt. Erwiesene Woltaten vergass er leicht, nie aber vergab er, wenn man ihm Unrecht angetan oder ihn sonst beleidigt hatte. So hatte er Heinrich V. gehasst, weil dieser ihn Jahre lang im Kerker hatte schmachten lassen, und diesen Hass übertrug er auch auf die Staufer [1]), als die Erben des Kaisers, zumal sie selbst gegen ihn oft das Schwert gezogen hatten. Selbst die Vermählung Friedrichs mit seiner Nichte Judith [2]) vermochte nicht seine Gesinnung zu ändern.

---

1) Otto Fris. Gesta I. 16 (Albertus) malorum a duce Friederico sibi illatorum haud immemor; und gleich nachher: Alberti ... nondum odio in haeredes Heinrici ... satiati. Petrus Diac. c. 87. (M. G. SS. VII. 805) Archiepiscopus ferali zelo adversus cognationem Einrici imperatoris desaeviens et de imperiali culmine F. et C. nepotes ejus propellere cupiens ob illorum odium . . . .

2) Ihr Vater war Friedrich Graf v. Sarburch, der Bruder Adalberts Otto Fris. I. 21. Wann Friedrich diese zweite Ehe eingegangen, lässt sich nicht genau feststellen.

Doch verkehrt wäre es, Adalberts Handlungsweise allein aus diesen persönlichen Motiven zu erklären. Vielmehr fürchtete er in dem Erben der Besitzungen des Kaisers auch den Erben seiner Gesinnung, aus dessen Erhebung auf den Königstron für die Unabhängigkeitsbestrebungen der Kirche die schwersten Gefahren erwuchsen. Dass Friedrich sich seit einigen Jahren der kirchlichen Partei mehr zugewandt hatte, änderte nichts an der Sache; auch Heinrich V. hatte sich zu Anfang seiner Regierung der Kirche ganz in die Arme geworfen. Hierzu kam, dass in Sachsen, wo die kirchliche Partei ihre Hauptstütze hatte, eine entschiedene Abneigung gegen einen dem fränkischen Geschlecht an Blut und an Gesinnung verwandten König herrschte. Denn genug hatten die Sachsen von den beiden Heinrich gelitten, um sich jetzt wol vorzusehen, einen König zu wählen, von dem sie eine ähnliche Behandlung vielleicht nicht ganz ohne Grund zu fürchten hatten; sie konnten naturgemäss nur die Erhebung ihres geliebten Herzogs Lothar auf den Tron wünschen. Und demselben Mann wollte auch Adalbert die Krone zuwenden. Es ist schon oben erwänt, dass Lothar mit Adalberts Partei eng verbunden war; gewiss glaubte der Erzbischof den strengkirchlichen Mann als König ganz zum Werkzeug zur Durchführung seiner Absichten gebrauchen zu können [1]).

Zunächst aber musste Adalbert die Maske der Freund-

---

1) Gervais Hypothesen (a. a. O. p. 14 f.) scheinen doch etwas zu künstlich zu sein. Es widerspricht ihnen auch was der annal. Saxo zum Jahre 1125 sagt: Et quoniam (Loth.) ecclesiae studiosus defensor erat adnitentibus episcopis et maxime archiepiscopo Adelberto una cum archiepiscopo Colon. Friederico viris in ecclesiae negotiis disertissimis rex effectus est. Cf. M. G. SS. XI. 76. Dass Adalbert gehofft hat Lothar nach seinem Willen zu lenken, scheint aus zwei Briefen an Otto von Bamberg zu erhellen: cod. Udalr. 252 (J.): Recordari . . volumus discretionem tuam omni studio omni conamine . . . . . nos operam dedisse, quatinus hoc generale malum . . . . . praeveniendo possemus avertere. Et non placuit principi in aliquo nos audire vel exaudire. Quid divina miseratio de his ordinaverit, humana mens non sufficit perscrutari; und cod. Udalr. 263, wo er sich bitter beklagt über die Willkürlichkeit, mit der Lothar bei Besetzung der Bischofssitze verfahre.

schaft gegen Friedrich noch beibehalten, um diesem die eignen Absichten zu verbergen, ihn sicher zu machen und zur Auslieferung der höchst wichtigen Reichsinsignien zu veranlassen. Nach Ekkehards Bericht [1]) wurden dieselben auf der kaiserlichen Burg Trifels verwahrt; dem widerspricht nicht, wenn Otto von Freising [2]) und Ordericus Vit [3]) sagen, dass die Kaiserin Mathilde sie in ihrer Gewalt gehabt habe. Auf diese Weise aber, da die Kaiserin wieder unter den Schutz Friedrichs gestellt war [4]), hatte doch dieser schliesslich über die Insignien zu verfügen, denn es lässt sich nicht denken, dass die Kaiserin dieselben ohne Zustimmung ihres Beschützers ausgeliefert haben würde. Nun erzählt Otto von Freising [5]): Adalbert rief die Kaiserin zu sich und brachte sie durch betrügerische Versprechungen dazu, ihm die Insignien zu übergeben. Welcher Art diese falschen Versprechungen gewesen, darüber hat Albert v. Stade einen eignen Bericht [6]) aus uns unbekannter Quelle: „Adalbert v. Mainz versammelte seine Parteigenossen und beratschlagte mit ihnen, auf welche Weise man die Insignien Friedrich entreissen könne und so einen andern zu wählen im Stande sein würde. In Folge dessen sprechen manche, deren Friedrich nicht ganz sicher war, oder sie gar für seine Feinde hielt, einstimmig und öffentlich von seiner Erhebung als einer ausgemachten Sache. Hierdurch sicher gemacht, übergibt er, um die Gunst der Fürsten noch mehr zu erwerben und dadurch, dass er sich so treu in der Verwaltung des ihm anvertrauten Gutes gezeigt, um so unbescholtener den Tron besteigen zu können, ihnen die Insignien." Darf man nun diesen beiden Berichten Glauben schenken, oder müssen wir annehmen, dass beide Schriftsteller in ihrer allerdings durchaus staufischen Gesin-

---

1) S. oben p. 7. Anm. 2.
2) Gesta I. 15: Imperatrix Mathildis .... regalia in potestate sua habebat.
3) a. a. O. Imperii vero insignia moriens Caesar imperatrici Mathildi dimisit, und gleich nachher: (Adelbertus) insignia siquidem ab imperatrice procuraverat ornamenta imperii.
4) Eccehard Chronicon 1125 s. oben p. 7. Anm. 2.
5) a. a. O.
6) Annales Stadenses M. G. SS. XVI. 322.

nung die Erzählung erfunden haben? — Eine jenen widersprechende Nachricht haben wir nicht; auch an der Tatsache, dass die Insignien wirklich noch vor dem Wahltage ausgeliefert sind, kann man nicht wol zweifeln. Denn ausserdem, dass Otto v. Freis. und Ord. Vit. die Auslieferung direct erwähnen, finden wir in der narr. nichts, woraus man schliessen kann, dass Friedrich die Insignien bei der Wahl noch in seinem Besitz gehabt habe und erst nachher zu ihrer Auslieferung veranlasst sei, eine Nachricht, die die narr. gewiss nicht mit Stillschweigen übergangen hätte [1]). Unmöglich aber lässt sich denken, dass Friedrich so töricht gewesen sein sollte, ohne weiteres auf den Besitz der Insignien zu verzichten, zumal da er aus früheren Erfahrungen den hinterlistigen und ränkesüchtigen Karakter Adalberts wol kennen musste. Nur für den Fall, dass ihm die weitgehendsten Versprechungen gemacht, die scheinbar wenigstens sichersten Aussichten eröffnet sind, lässt sich seine Handlungsweise erklären. Und dass es dem Erzbischof bei Erreichung einer Absicht auf einige Lügen mehr oder weniger nicht ankam, davon dürfte dies nicht das einzige Beispiel sein. Endlich aber kann man nicht leugnen, dass die Art, wie man Friedrich zu täuschen wusste, sehr fein und schlau angelegt war, aber auch vollkommen glaubhaft ist, ebenso wie, dass er um der Gunst der Fürsten willen, die Insignien wirklich ausgeliefert hat. Wir haben also keinen Grund die Erzählung Alberts zu bezweifeln.

Auch für die Wahrheit der weiteren Erzählung desselben Autors möchte ich eine Verteidigung versuchen. Er

---

1) Schon die Auslieferung der Insignien an sich vor der Wahl des neuen Königs darf als etwas ungewöhnliches angesehen werden. So überliefert nach Wipos Bericht (vita Cuonradi cap. 2. SS. XI. 259) Chunigunda, die Gemahlin Heinrichs II, die Insignien, welche der Kaiser ihr hinterlassen hatte, dem König Konrad erst nach der Kur. Ebenso wird Heinrich der Stolze, welcher nach Lothars Tode die Insignien in seiner Gewalt hatte, erst nach Konrads III. Wahl zur Auslieferung derselben aufgefordert und veranlasst (Otto Fris. Chronic. VII. 23). Dass Adalbert von Mainz die Insignien vor der Wahl des neuen Königs an sich zu bringen suchte, zeigt deshalb, dass er vorhatte, Friedrich von Staufen zu betrügen.

sagt nämlich ¹), dass die adelbertische Partei einigen zu ihr gehörenden Fürsten die Krone angeboten habe, diese aber nach Verabredung dieselbe zurückgewiesen hätten; deshalb habe auch Friedrich bescheiden verzichtet. Auch diese Nachricht hat Albert allein von allen Quellen, und man hat sie deshalb gewöhnlich unbeachtet gelassen. Nun ist uns aber eine andere Erzählung überliefert, die man vielleicht mit jener in Zusammenhang bringen kann. Galbert erzählt nämlich in seiner passio Caroli com. Flandr. ²), dass nach Heinrichs V. Tode die deutschen Fürsten durch eine Gesandtschaft, bestehend aus dem Kanzler des kölner Erzbischofes und einem Grafen Gottfried, dem Grafen Karl von Flandern die Königskrone angeboten hätten, Karl aber dieselbe ausgeschlagen hätte. Da nach Otto v. Freis. Karl mit unter den vier bei der Wahl in Mainz zuerst vorgeschlagenen Fürsten ist, so darf man die Wahrheit jener Nachricht wol nicht bezweifeln. Sicher aber ist, dass während der wenigen Wahltage die Gesandtschaft von Mainz nicht abgeschickt sein kann, also muss dem Grafen, schon ehe die Fürsten sich zur Wahl versammelten, das Anerbieten gemacht sein. Jaffé ³) sagt vorsichtig: „Vielleicht gehörte dies mit zu den von Adalbert schon vor der Wahlversammlung gesponnenen Intriguen, auf die einzugehen Karl nicht Lust gehabt haben mag?" Wenn wir aber beachten, dass der Kanzler des mit Adalbert bei der Wahl Lothars eng verbundenen Kölner Erzbischofs ⁴) die Gesandtschaft führte, und diese also jedenfalls von jener Partei ausgieng, ferner dass Adalbert voraussehen musste, dass Karl von Flandern, der doch nur eine geringe Macht hinter sich hatte, unter den obwaltenden schwierigen Verhältnissen, während die beiden mächtigsten Fürsten Deutschlands nach dem Trone strebten, die Krone ohne Zweifel abweisen würde, so sind wir, glaube ich, berechtigt, mit voller Gewissheit zu behaupten, dass auch dies eine der Intriguen Adalberts war, durch die er Friedrich zu täuschen suchte. Insoweit dürfen

---

1) SS. XVI. a. a. O.
2) SS. XII. 563.
3) Geschichte . . p. 31. Note 23.
4) Ann. Saxo 1125. S. oben p. 12. Anm. 1.

wir also dem Bericht Alberts von Stade Glauben schenken. Wenn er dagegen weiter behauptet, dass auch Friedrich in Folge davon auf die Krone verzichtet habe, so müssen wir diese Nachricht nach den andern Quellen entschieden als unrichtig zurückweisen; vielmehr scheint Adalbert mit dieser List auch nur die Auslieferung der Insignien bezweckt zu haben. — Dass ihm dies wirklich gelang, ist oben schon erwähnt, und so konnte Adalbert nach diesem Erfolge an das schwierigere Werk, die Wahl Lothars selbst durchzusetzen, schon getroster herangehen.

Als Erzkanzler des deutschen Reiches hatte er in Gemeinschaft mit den andern in Speier anwesenden Fürsten die Wahlversammlung auf den Bartholomaeustag, den 24. August, ausgeschrieben und sämmtliche Fürsten dort zu erscheinen eingeladen [1]). Nach Ordericus Vitalis hatte er dieselben aufgefordert mit ihren Heeren zu kommen, sodass über 60000 Waffenfähige sich in Mainz versammelt hätten [2]), und hiermit stimmt die Nachricht der narr. überein, dass selten ein Reichstag so zahlreich besucht gewesen sei. Weshalb Adalbert dies getan, wird uns nicht gesagt, doch liesse sich vielleicht denken, dass er von Friedrich eine Durchführung seiner Absicht mit dem Schwerte fürchtete, und deshalb ihm gegenüber auch seinerseits auf alle Fälle gerüstet sein wollte. — Für die Wahlzeit selbst und darüber hinaus bis vier Wochen wurde, wie wir aus dem Briefe an Otto von

---

1) Epist. ad Ottonem Bamb. a. a. O. . . . . sedit omnium nostrum sententiae . . . . . . curiam in festo beati Bartholomaei apud Mogontiam celebrare et, ibidem convenientibus principibus, de statu et successore . . . . . . ordinare. — Otto Frising, Gesta I, 16. Albertus nam id juris dum regnum vacat Maguntini archiepiscopi ab antiquioribus esse traditur — principes regni in ipsa civitate Maguntia tempore autumnali convocat. Ein solches Recht des Mainzer Erzbischofs erwähnt auch schon Lambert (SS. V. 204): archiepiscopus Magontinus cui potissimum propter primatum Mogontinae sedis eligendi et consecrandi regis auctoritas deferebatur, principes de toto regno Mogontiam evocavit, ut communi consilio . . . . . regem constitueret.

2) SS. XX. 76: Mogontinus enim archiepiscopus . . — . . . . . episcopos et proceres totius regni cum exercitibus suis convocavit . . . . Ibi nempe plus quam LX milia pugnatorum aderant.

Bamberg erfahren¹), ein allgemeiner Landfriede angeordnet, damit die Wähler sicher kommen und gehen könnten.

Wir haben schon oben gesehen, dass die Bedeutung des Tages von Mainz auch in jener Zeit nicht unterschätzt worden ist; hiermit hängt es vielleicht auch zusammen, dass mehr Quellen, als es sonst bei den Königswahlen der Fall ist, Notizen über diese überliefert haben, ja sogar eine besondere narratio derselben abgefasst ist. Doch sind wir trotzdem auch dies Mal nicht eben besser daran als sonst. Es sind doch meist nur kurze dürftige Notizen, oder wo es mehr ist als das, blickt aus den Erzählungen die Parteilichkeit und Tendenz der Verfasser hervor; andere wieder berichten Ungenaues oder gradezu Falsches. Nach der Parteistellung der Verfasser kann man unsere Berichte teilen in solche, die den staufischen, und solche, die den Standpunkt der lotharisch- oder welfisch-kirchlichen Partei vertreten. Zu jenen gehört Albert von Stade und Otto von Freising, zu diesen die narratio und die vita Cuonradi archiep. Salisburg.

Was zunächst Albert betrifft, so beziehen sich dessen Nachrichten fast nur auf die Ereignisse kurz vor der Wahl, und haben wir dieselben schon oben besprochen. Ohne Zweifel hat er eine uns verloren gegangene Quelle benutzt, da die Rosenfelder Annalen, welche er vor und nach diesem Bericht ausgeschrieben, von demselben nichts haben. Dass er sich auf mündliche Ueberlieferung stützt, wird man kaum annehmen können, da es unglaublich erscheint, dass sich gerade in Sachsen eine solche, Lothar und der welfischen Partei ganz ungünstige Nachricht erhalten haben sollte.

Von ungleich grösserem Gewicht ist natürlich der Bericht Ottos von Freising²), welcher sowol in seiner Chronik wie in seinen Gesta Friderici von unserer Wahl spricht, und

---

1) Contestamur etiam dilectionem vestram, ut pacem credito vobis celitus populo infra praescriptum curiae terminum et ultra ad quatuor ebdomadas ordinetis quatinus omnibus tutior fiat concursus ac reditus. Aus demselben Briefe erfahren wir auch, dass die Wähler die Kosten der Fahrt selbst zu tragen hatten . . . . ut curialiter more videlicet antiquorum principum cum propria impensa neminem pauperem laedentes conveniatis. —

2) Chronik VII. 17. Gesta Friderici I. 16. (SS. XX.)

es ist auffallend zu bemerken, wie verschieden er in den beiden Werken diesen Gegenstand behandelt. In seiner Chronik, wo es ihm nur darauf ankommt die allgemeinen historischen Tatsachen zu berichten, erzählt er ganz kurz die Designation von vier Fürsten, und dass endlich voto omnium Lothar, jedoch renitens valde ac reclamans, zum König gewählt sei. Schon Wattenbach¹) hat in dieser Darstellung eine Benutzung der narr. vermutet, da diese von Lothar dieselben Worte renitens ac reclamans braucht, ich möchte mich dieser Meinung ganz anschliessen. Uebrigens erhält dieser Ausdruck aus der Feder eines Otto erhöhten Wert. In seinen Gesta aber, die eine Verherrlichung des staufischen Geschlechts bezwecken, erwähnt er von diesen äusseren Vorgängen fast nichts, sondern legt alles Gewicht darauf, dass Lothar, obwol die Majorität der Fürsten für Friedrich gewesen sei, doch durch die Bemühungen Adalberts endlich zum König erwählt wird. Er wird auch hier wie überhaupt im ersten Teile seiner Gesta einmal eine mündliche oder schriftliche Familienüberlieferung der Staufer benutzt haben, sodann aber hatte er an seinem Vater, dem Markgrafen Leopold von Oestreich, der ja auf der Wahl zugegen und selbst einer der Designierten gewesen war, den besten Berichterstatter über die Vorgänge auf derselben. Wir müssen deshalb den Wert dieser Nachricht sehr hochschätzen, zumal Otto, wenn auch ein Verwandter und Verehrer der Staufer, doch durchaus kein Feind Lothars war, sondern diesem und seiner Regierung die höchste Anerkennung zollt²).

Die Vita Chuonradi³) hat nur eine wichtige Notiz, die aber, wie viele Nachrichten, welche sie mehr nebenbei erwähnt, sehr viel Wert für uns hat, zumal sie dem Verfasser, wahrscheinlich durch den Erzbischof, welcher auch in Mainz

---

1) M. G. SS. XII. 509.

2) Cf. Wilmans in der praefatio zu der Ausgabe von Ottos Chronik: Videmus Ottonem quamvis Stoffensibus imperatoribus arctissimis familiae vinculis obstrictum, tamen medium ut ita dicam inter illam et Welficam gentem obtinuisse locum, ut jure Aeneas Sylvius dicere posset in ipso neque cognationem veritati neque veritatem cognationi offecisse.

3) M. G. SS. XI. 76.

gewesen war, selbst zugekommen ist; ausserdem wird sie, zum Teil wenigstens, durch Otto von Freising bestätigt.

Ausführlicher als alle anderen Quellen ist natürlich die Narratio de electione Lotharii [1]), welche uns in einer Handschrift des Klosters Gottweih aus dem zwölften Jahrhundert erhalten ist. Aus dem einzigen Fundort der Handschrift wie aus der besonderen Hervorhebung des Markgrafen Leopold von Oestreich hat man wol mit Recht geschlossen [2]), dass der anonyme Verfasser ein oestreichischer der Erzdiöcese Salzburg angehöriger Kleriker gewesen ist. Die narr. ist sehr bald nach der Wahl noch vor dem Ausbruch der Feindseligkeiten zwischen Lothar und den Staufern geschrieben, wie aus den Worten am Ende derselben hervorgeht: (Friedericus) cum eo (Lothario) sic in gratiam et amicitiam tanto stabilius quanto liberius rediit; ja da sie nichts von der Krönung Lothars erwähnt, so darf man wol schliessen, dass sie unmittelbar nach der Wahl, noch ehe Lothar nach Aachen aufgebrochen war, verfasst ward, woraus dann auch folgen würde, dass der Verfasser selbst in Mainz zugegen gewesen ist. Man hat sie deshalb für sehr glaubwürdig gehalten, und die meisten neueren Historiker sind ihr in der Darstellung der Wahlverhandlungen fast unbedingt gefolgt, obwol auf den ersten Blick auffallen muss, dass der Verfasser sich darauf beschränkt, nur die äusserlichen Tatsachen zu erzählen [3]), dagegen die geheimeren Mittel, durch welche die kirchliche Partei die Wahl Lothars durchzusetzen gewusst hat, ganz verschweigt, und überall sieht oder sich so stellt als sähe er das Walten des heiligen Geistes. Schon dies hätte bei der Benutzung der narr. vorsichtig machen müssen, denn man erkennt daraus die Stellung des Verfassers ganz klar: Er gehört eben jener Partei an, die Lothar auf den Tron erhoben hat, und hoch erfreut über den Sieg derselben beeilt er sich die Ereignisse bei der Wahl niederzuschreiben. Erst neuerdings ist nachgewiesen worden [4]), dass der Bericht

---

1) M. G. SS. XII. 509—512.
2) So Wattenbach in der praefatio zu ihrer Ausgabe SS. XII. 509; und Friedberg: Forschungen VIII. 87.
3) Cf. auch Wattenbach Geschichtsquellen p. 409.
4) Von Friedberg: Forschungen VIII. 75 ff.

über die Wahlcapitulation Lothars in Betreff der Bischofswahlen unwahr ist und ferner [1]), dass die ganze narr. in bestimmter Tendenz verfasst sei, um das Verhalten und den Standpunkt des salzburgischen Erzbischofs zu rechtfertigen. So verliert die narr. als Tendenzschrift einen grossen Teil ihrer Glaubwürdigkeit, und unsere Aufgabe ist es deshalb, an der Hand der anderen Quellen zu untersuchen, wie weit der Bericht der narr. für wahr gehalten werden darf; und um das gleich hier im voraus zu erwähnen, wir werden sehen, dass sie nicht nur manches, was sie wissen musste, verschweigt, sondern auch einige Nachrichten entstellt, andere erdichtet hat, dass sie nicht nur im Interesse Konrads von Salzburg, sondern der ganzen kirchlichen Partei und ihres Kandidaten, kurz mit der Tendenz verfasst ist die Rechtmässigkeit der Wahl Lothars darzustellen.

Derselben Partei gehört auch der Annalista Saxo an, der zwar über die eigentlichen Wahlvorgänge nichts sagt, dagegen die Bemühungen der kirchlichen Partei, namentlich der Erzbischöfe von Mainz und Köln um Lothars Wahl ausdrücklich hervorhebt; ob er diese Nachricht nach einer mündlichen Ueberlieferung oder aus einer uns verlorenen schriftlichen Quelle niedergeschrieben hat, wissen wir nicht; jedenfalls aber verdient sie, da der Verfasser ein eifriger Anhänger der welfisch kirchlichen Partei ist, wol Beachtung, zumal sie auch durch andere Quellen bestätigt wird.

Keine bestimmte Parteistellung nimmt seiner Darstellung nach Ordericus Vitalis [2]) ein, welcher in seiner historia ecclesiastica ziemlich ausführlich auf die Wahl eingeht. Auf zwei Wegen können ihm nach der fernen Normandie hin Mittheilungen über die Wahl geworden sein. Einmal durch die Kaiserin Mathilde, Heinrichs V. Wittwe, welche, eine englisch-normännische Princessin, nach Heinrichs V. Tode nach England zurückgekehrt war und sich öfter in der Normandie aufgehalten hat, wo sie auch gestorben ist. Die Nachrichten, welche Ordericus durch sie oder ihr Gefolge erhalten hat, werden vom staufischen Standpunkt aus die

---

1) Von Waitz: Forschungen VIII. 89.
2) Historia eccles. C. XII. SS. XX. 76 ff.

Wahl geschildert haben, doch merkt man in seiner Darstellung nichts von einer derartigen Parteinahme. Sodann können vielleicht auch durch den Abt Suger von St. Denys, welcher mit bei der Wahl zugegen gewesen, Nachrichten über diese nach der Normandie gekommen sein, welche ohne Zweifel der geistlichen Partei günstig waren. Uebrigens mag nun Ordericus seine Nachrichten von der einen oder der anderen Seite oder auch von beiden haben, jedenfalls war seine Quelle eine sehr getrübte, vielleicht hat er auch selbst manches aus eigner Erfindung zugesetzt. Denn neben einigem Richtigen im allgemeinen findet sich im einzelnen eine Menge von Fehlern und Entstellungen. In einer ganz falschen Stellung erscheint z. B. Adalbert bei ihm, er ist nicht nur der Leiter der Wahlverhandlung, sondern Alles geschieht auf seinen Befehl; so nennt Ordericus unter den drei designirten Fürsten Einen, den es gar nicht gab u. dgl. m.; nur mit grosser Vorsicht also und eigentlich nur als Bestätigung einer anderen Quelle ist er zu benutzen.

Von allen Seiten eilten die deutschen Fürsten [1]) zu dem bestimmten Tage nach Mainz: die Erzbischöfe, Bischöfe und Aebte und mit ihnen die niedere Geistlichkeit, Kleriker und Mönche, die Herzöge, Markgrafen, Grafen und der übrige Adel erschienen in grosser Anzahl an beiden Ufern des Rheins. Wol zu beachten ist, dass wie a. 1077 nach Forchheim, so auch zu dieser Wahl der päbstliche Hof seine Legaten gesandt hatte, welche wol nicht als stumme Zuschauer der Wahl beiwohnen sollten. Gewiss war man in Rom von

---

1) Es ist gewiss auffällig, dass der Verf. der narr. cap. 1 den Begriff der principes ausdehnt nicht nur auf die päbstlichen Legaten, sondern auch auf die niedere Geistlichkeit und auf die nobiles, die Schöffenbarfreien. Doch glaube ich ist darauf kein grosses Gewicht zu legen; vielmehr bin ich geneigt, diese Zusammenstellung für eine Ungenauigkeit des Verf. zu halten. Allerdings nennt er cap. 2 die eigentlichen Wahlfürsten principes regni und scheint so einen Unterschied zwischen principes und principes regni zu machen. Aber ebenfalls cap. 1 trennt er die nobiles wieder von den principes, zu denen er richtig den Bischof von Basel rechnet, und ebenso nennt er im Laufe der Erzählung die Wahlfürsten nie anders als principes; dagegen begreift er cap. 7 unter dem Ausdruck principes regni sämmtliche Laien, welche dem Könige huldigen. —

Adalberts Absichten unterrichtet, und die Legaten sollten die Auctorität des Pabstes für ihn in die Wagschale legen. In ihrer Begleitung scheint auch der berühmte Abt Suger von St. Denys [1]) gewesen zu sein.

Auch über die Lagerung der Fürsten und ihrer Mannen hat die narr. eine Notiz, doch kann man daraus nicht mit Sicherheit entnehmen, an welcher Seite des Rheins die verschiedenen Stämme lagerten. Sie sagt nämlich [2]): Jenseit des Rheins hatten die sächsischen Fürsten längs dem Ufer hin ein grosses Lager aufgeschlagen und oberhalb derselben Markgraf Leopold mit dem bairischen Herzoge und vielen Mannen; Herzog Friedrich dagegen mit dem Bischof von Basel, den übrigen Fürsten Schwabens und allen Edlen hatte sich gegenüber auf der anderen Seite des Rheins gelagert. Doch scheint die Meinung, dass Friedrich auf dem linken, die Sachsen und Baiern auf dem rechten Ufer sich gelagert hatten, mehr Wahrscheinlichkeit als die umgekehrte zu haben. Auffällig ist es, dass von der Lagerung der Franken nichts erwähnt wird. Denn dass auch dieser Stamm hier vertreten war, geht schon aus den späteren Worten der narr. selbst hervor [3]): decem ex singulis Bawariae, Sueviae, *Franconiae*, Saxoniae provinciis principes ..... proposuerunt. Man

---

1) Seine Anwesenheit erfahren wir aus einer Urkunde bei Felibien hist. de St. Denys. Recueil de Pièces p. XCIV.

2) Jaffé a. a. O. 28 Anm. 14 nimmt eine umgekehrte Lagerung der Fürsten an, weil „es wol ein offener Widerspruch in Friedrichs Benehmen gewesen wäre, den er gewiss vermieden hat, wenn er bei seiner Aussage, die Mainzer zu fürchten, sich doch auf der Mainzischen Seite des Rheins gelagert hätte." Allein einmal glaube ich nicht, dass Friedrich, ehe er vor Mainz angekommen war und mit seinen Freunden sich beraten hatte, den Entschluss fasste, sich von der Versammlung fern zu halten und Furcht vor den Mainzern vorzuschützen. Sodann aber muss man annehmen, dass der Verf. der narr. von Mainz aus schreibt. Denn da er nach allgemeiner Annahme ein Oesterreicher war, konnte er sich also nur bei den österreichischen Völkern oder in Mainz selbst aufhalten; dass er aber jenes nicht tat, geht aus den Worten ultra Rhenum Liupoldus consederat hervor. Die Seite, auf welcher er sich selbst befindet, wird er doch nicht jenseit des Rheins nennen.

3) Narr. cap. 2.

darf deshalb wol schliessen, dass die Franken nicht wie die anderen drei Stämme für sich und gesondert lagerten, sondern sich einem der drei angeschlossen hatten, eine Ansicht, die um so weniger unwahrscheinlich ist, da es einen eigentlichen Herzog von Franken, unter dessen Banner sich die Fürsten und das Volk hätten schaaren können, damals nicht gab. Fragen wir nun, zu welchem Stamme sie sich wol gehalten haben, so sprechen mehrere Gründe für ihre Vereinigung mit den Schwaben. Die Staufer hatten noch in Ostfranken herzogliche Macht, ausserdem hatten sie von Heinrich V. sehr bedeutende Besitzungen in Franken geerbt, endlich war der Pfalzgraf Gottfried von Calw, einer der mächtigsten Herren in Franken, früher der state Kampfgenosse Friedrichs gegen Adalbert und Lothar, gewiss auch jetzt noch mit seinem ganzen Anhange auf der Seite des Staufers. Dagegen spricht für ihre Vereinigung mit den Baiern oder den Sachsen gar kein Grund, und wir werden deshalb annehmen müssen, dass sie mit Herzog Friedrich auf der linken Seite des Rheins lagerten. Auch der Lothringer tut die narr. keine Erwähnung. Man hat deshalb gewöhnlich angenommen, dass dieselben unter dem Namen der Franken mitbegriffen seien; allein für die Bezeichnung der deutschen Völker westlich des Rheins mit dem Namen Franken dürfte sich aus jener Zeit kaum noch ein Beleg auffinden lassen. Hierzu kommt, dass der Name Franconia, den die narr. hat, niemals Lothringen mit eingeschlossen hat, sondern zunächst für Ostfranken galt und höchstens auf das Gebiet der rheinischen Franken ausgedehnt wurde. Ausserdem aber wissen wir, dass Karl von Flandern nicht in Mainz war, denn erst im Januar 1127 huldigen seine Gesandten dem Könige[1], während die in Mainz anwesenden Fürsten gleich am Tage nach der Kur Lothar huldigten. Ebenso dürfen wir daraus, dass Lothar die Fürsten Niederlothringens zu Anfang des Jahres 1127 nach Aachen zur Huldigung entboten hatte[2], schliessen, dass diese bei der Wahl nicht zugegen gewesen sind. Von den Oberlothringern wissen wir

---

1) Anselm. Gembl. 1127.
2) Anselm. G. a. a. O.

näheres zwar nicht, doch würde es, falls man ihre Anwesenheit bei der Wahl annehmen wollte [1]), immer unerklärlich bleiben, warum die narr. sie nicht genannt haben sollte.

Am 24. August wurde, wie in dem Briefe an Otto von Bamberg bestimmt war, die Versammlung eröffnet, jedoch begann man nicht sogleich mit dem Wahlgeschäft, sondern zuerst wurde die Wahl des Bischofs Reginbert von Brixen [2]), der schon früher gegen den kaiserlich gesinnten Hugo von Konrad von Salzburg erhoben war, untersucht und von allen bestätigt, und derselbe von vielen Bischöfen sogleich ordiniert. Nicht ohne Bedeutung war dieser Act: Nicht deutlicher konnte die Geistlichkeit zeigen, dass ihr Hass gegen Heinrich V. auch nach seinem Tode ungeschmälert geblieben sei; nicht deutlicher auch, dass sie die Bestimmungen des Wormser Concordats nicht mehr für bindend zu halten gesonnen sei. Wollte sie nicht auch dadurch zeigen, dass sie nur einen solchen König zu wählen entschlossen war, von dem sie einen entschiedenen Widerstand gegen ihre Absichten nicht zu fürchten hatte? Es ist nicht ganz unwahrscheinlich, dass diese Ordination auch Friedrich von Staufen stutzig gemacht hat. Denn heisst es in der narr. von ihm: facta seorsum principum collectione non modica, utpote qui animum jam in regnum intenderat et quasi spe certa praeoccupaverat, fingens timorem Mogontinensium distulit ad principum venire colloquium et paratus in regem eligi sed non regem eligere prius explorare volebat, quem ex omnibus principum assensus promovere pararet. Convenientes igitur praeter ipsum et suos omnes regni principes . . . . . . Also Friedrich versammelt getrennt von den übrigen Fürsten seine Anhänger um sich, um mit ihnen sich zu beraten. Man erfährt aus der narr. nicht, welche Fürsten es sind, die sich um Friedrich versammeln; doch scheint aus dem non modica hervorzugehen, dass es nicht nur die schwäbischen, sondern auch Fürsten anderer Stämme waren, zumal Friedrichs Vereinigung mit den Grossen Schwabens erst eben vorher erwähnt

---

1) Erst am Anfang des folgenden Jahres finden wir Herzog Simon als Zeugen in einer Urkunde Lothars (2. Januar 1126) genannt.
2) Cf. Vita Cuonr. archiep. SS. XI. 76.

ist. Das Resultat dieser Beratung war, dass Friedrich beschloss, noch nicht in die Versammlung der Fürsten zu gehen, sondern sich unter dem Vorwand der Furcht vor den Mainzern von der Stadt fern zu halten; und selbst dass der Erzbischof Adalbert ihm freies Geleit anbot [1]), liess ihn seinen Entschluss nicht ändern. Es ist nicht zu verkennen, dass er nicht leicht einen schlechteren Vorwand wie den der Furcht vor den Mainzern hätte gebrauchen können. Seit dem Jahr 1121 lebte er mit Mainz und dem Erzbischof Adalbert in Frieden; ausserdem war, wie wir oben gesehen, ein allgemeiner Friede für die Dauer der Wahlzeit angesagt, den die Mainzer angesichts der Fürsten und ihrer Heere wohl kaum zu brechen gewagt hätten; endlich zogen andere Fürsten, welche eben so gut wie Friedrich Feinde der Mainzer gewesen, ruhig in die Stadt. Allein man sieht keinen Grund, warum die narr. sich hier eine Fälschung erlaubt haben sollte, und wir müssen deshalb trotz aller Bedenken ihre Worte festhalten. Aus welchem Grunde aber hielt sich Friedrich von der Versammlung fern? Die narr. sagt, er hatte den Tron in sicherer Hoffnung gleichsam schon vor eingenommen, widerspricht sich aber, wenn sie fortfährt, bereit sich wählen zu lassen, nicht aber zu wählen, wollte er erst abwarten, wen die Fürsten erheben würden. Wenn Friedrich sicher war, gewählt zu werden, brauchte er nicht abzuwarten, ob die Fürsten nicht vielleicht für einen andern sich entschieden, tat er aber dies, so war er auch seiner Wahl nicht mehr gewiss. Man sieht nicht ein, wie die Gewissheit gewählt zu werden ein Grund sein konnte, ihn von

---

1) Dies schliesse ich aus cap. 3 der narr., wo sie von Friedrich sagt: jam sine conductu urbem, quam prius cum conductu ingredi metuebat, ingressus est. Es ist nicht möglich anzunehmen, dass Friedrich ohne irgend welche Begleitung seiner Mannen von seinem Lager aus ganz allein nach Mainz gegangen sei. Ausserdem aber heisst conductus auch immer das Geleit, welches ein Fürst einem andern zur sicheren Passierung seines Gebiets mitgibt, niemals aber die Begleitung eines Fürsten durch seine eignen Mannen. In diesem Falle konnte natürlich nur Adalbert, als Herr von Mainz, das Geleit angeboten haben. Dies widerlegt auch zur Genüge die Meinung, welche Rospatt (die deutsche Königswahl p. 59) hegt, dass Friedrich auf Veranstaltung des Erzbischofs von Mainz fern geblieben sei.

der Versammlung fern zu halten ¹), wir müssen deshalb annehmen, dass er durch irgend einen Umstand an der Gesinnung mancher Fürsten zweifelhaft geworden ist und deshalb erst das Resultat der Vorwahl abwarten will, um danach seine Massregeln zu treffen. Ich trage kein Bedenken die Worte der narr. utpote qui animum jam in regnum intenderat et quasi spe certa praeoccupaverat und paratus in regem eligi sed non regem eligere für einen Streich gegen Friedrich zu bezeichnen, um ihn als recht trotzig und hochmütig darzustellen, ein Bestreben der narr., das uns noch öfter begegnen wird.

Noch unklarer ist es, wer unter den sui, die sich mit Friedrich von der Wahlversammlung fern halten, zu verstehen ist. Auf den ersten Blick könnte man meinen, es seien dies die vorher non modica collectio principum genannten Anhänger Friedrichs; auch wäre es wol denkbar, dass Friedrich seine grosse Partei von Mainz zurückgehalten hätte, um den dort versammelten Fürsten eine Entscheidung über die Wahl des neuen Königs vorläufig unmöglich zu machen: Allein hätten sämmtliche Anhänger Friedrichs am ersten Wahltage in der Versammlung gefehlt, so ist es unerklärlich, wie es kam, dass Friedrich doch mit unter den drei Designierten gewesen ist. Da dies aber nicht nur von der narr., sondern auch von Otto von Freising ²), wie von Order. Vit. ³) bezeugt wird, so ist es unmöglich, sui in dieser Bedeutung zu fassen. Man könnte deshalb vermuten, dass unter den sui die engeren Anhänger Friedrichs, also die schwäbischen Fürsten, gemeint seien: aber auch dem widerspricht die narr., wenn sie sagt, dass in den Ausschuss der 40 Fürsten auch 10 aus dem schwäbischen Stamme gewählt seien. Ausserdem ist es

---

1) Ich weiss nicht, worauf Phillips (vermischte Schriften III. 243) sich stützt, wenn er sagt: »Er (Friedrich) schien zu glauben, dass es sich von selbst verstehe, er müsse gewählt werden, dass es ihm daher auch gar nicht obliege, persönlich an der Wahl Teil zu nehmen.« Aus den Worten der narr. paratus in regem eligi sed non regem eligere prius explorare volebat, quem ex omnibus principum assensus promovere pararet vermag ich einen solchen Sinn nicht herauszufinden.

2) Chron. VII. 17.

3) Order. XII. SS. XX. 76.

nicht wahrscheinlich, dass Friedrich, wenn seine Partei überhaupt in der Versammlung vertreten war, einen Teil derselben zurückgehalten hat, vielmehr wird er dann seine sämmtlichen Anhänger hinein gesandt haben, damit möglichst viel Stimmen sich für ihn entschieden. So bleibt nichts übrig, als unter diesen sui die Edlen Schwabens zu verstehen, welche nicht Wahlfürsten waren und vorher nobiles Sueviae genannt sind, und dazu passt auch, wenn der Herzog c. 3 der narr. sagt sine consilio suorum in castris relictorum se respondere nec velle nec posse, wobei allerdings sehr bedenklich erscheint, dass Friedrich den Fürsten erklärt haben soll, ihren Beschluss dem Rat seiner Ministerialen und Ritter vorlegen zu wollen, und ausserdem ist es mindestens sehr auffällig, dass die narr. da, wo sie von der Versammlung der Wahlfürsten spricht, — denn die convenientes regni principes sind nur die Wahlfürsten — zugleich erzählt, dass die Begleitung Friedrichs, welche in der Versammlung nichts zu tun hatte, an dieser nicht teilnahm. Trotzdem müssen wir diese Worte so verstehen: die Fürsten des Reiches ziehen von draussen mit ihrer Begleitung in die Stadt, jene um sich in einem Saale zur Wahl zu versammeln, während diese vor den Türen auf das Resultat derselben wartet; Friedrich von Staufen aber mit seiner Begleitung erscheint nicht.

Nachdem sich nun die Fürsten, fährt die narr. fort, versammelt[1]) und auf Anraten des päbstlichen Legaten den Gesang „Komm heiliger Geist" angestimmt hatten, ernannten sie zuerst aus den einzelnen Provinzen Baiern, Schwaben, Franken und Sachsen je zehn der weisesten Fürsten, deren Wahl die übrigen ihre Zustimmung zu geben versprachen. Aus diesen Worten geht zunächst hervor, dass die päbstlichen Legaten von Anfang an der Wahl beigewohnt haben, ein Umstand, der wol Beachtung verdient. Im Jahre 1077[2]), wo wir zum ersten Male von der Anwesenheit päbstlicher

---

1) Eine getrennte Beratung der geistlichen und weltlichen Fürsten, wie wir sie bei Rudolfs Wahl finden (nach Berthold SS. V. 292 Proinde episcopi seorsum et senatorius ordo seorsum pro constituendo rege diu multumque consiliati sunt) findet diesmal also nicht wieder statt.

2) Grund: die Wahl Rudolfs von Rheinfelden p. 74.

Legaten bei der deutschen Königswahl hören, beraten sich die Fürsten in der Vorwahl wenigstens ohne Beisein derselben, sodass ein directer Einfluss von ihnen auf die Wahl nicht ausgeübt werden konnte; jetzt aber sind sie von Anfang an bei der Wahl zugegen, eröffnen die Versammlung mit Gesang und Gebet, können also auch jederzeit durch ihr Wort auf die Beratung der Fürsten einwirken, und damit hört die Königswahl factisch auf eine rein deutsche Angelegenheit zu sein.

Die Ernennung eines Ausschusses von vierzig Fürsten[1]) erzählt auch Order. Vit.[2]), der den Vorschlag hierzu von Adalbert ausgehen lässt, und da dieser, als Erzbischof von Mainz, nach altem Herkommen die Wahl zu leiten hatte, so dürfen wir Order. wol Glauben schenken. Auch einen Grund, die ganze Sache zu bezweifeln, haben wir nicht. Soviel wir wissen, hat man nie zuvor einen solchen Weg bei der Wahl eingeschlagen[3]), vielmehr scheinen die Fürsten früher stets in ihrer Gesammtheit gewählt zu haben. Weshalb man diesmal von der gewöhnlichen Weise abwich, ist nicht klar. Ob

---

1) Die Worte der narr. decem ex singulis Bavar. Suev. Franc. Saxon. provinciis principes proposuerunt lassen nur die eine Erklärung zu, welche ja obendrein von Ord. ausdrücklich bestätigt wird, dass nicht 10, sondern 40 Fürsten designiert sind. Denn decem ex singulis provinciis kann nur heissen: aus jeder einzelnen Provinz werden 10 Fürsten designiert. Ausserdem begriffe man nicht, wie die 10 Fürsten auf die vier Stämme verteilt werden konnten, ohne einen oder zwei derselben auf ganz unbegreifliche Weise zu bevorzugen.

2) Ord. a. a. O. (Adelbertus) Excellentissimi, inquit, barones . . . . Quadraginta igitur ex vobis sapientes et legitimi milites eligantur. Nach dem Ausdruck milites zu schliessen, würden gar keine Bischöfe in den Ausschuss gewählt sein; doch erscheint dies höchst unwahrscheinlich, und wir werden es als einen Irrtum des Order. bezeichnen müssen. Ebensowenig aber hat man einen Grund mit Luden anzunehmen, dass der bei weitem grösste Teil des Ausschusses aus Geistlichen bestanden habe.

3) Darf man vielleicht dies Verfahren in Mainz zusammenbringen mit dem ganz ähnlichen Compromis, dem wir im Jahr 1130 in Rom begegnen, wo die Cardinäle übereinkommen, einem Ausschuss von acht aus ihrer Mitte die Pabstwahl zu überlassen? Dann würde man hier einen bedeutenden Einfluss des päbstlichen Legaten zu erkennen haben.

Adalbert glaubte auf diese Weise seinen Plan leichter durchführen zu können, ob die Zahl der anwesenden Wähler zu gross war, um in corpore über den neuen König sich zu beraten, oder ob man auf diese Weise leichter eine zwiespältige Wahl zu vermeiden hoffte, das sind Fragen, deren Beantwortung uns die Quellen nicht geben [1]).

Ueber die Bestimmung der Vierzig sind die Meinungen verschieden. Jaffé [2]) nimmt an, dass ihnen die Wahl des Königs ganz überlassen sei, sie über Eine Person sich hätten verständigen sollen, Gervais [3]) dagegen und andere, dass je zehn Fürsten eines Stammes einen Candidaten aufstellen sollten. Ich glaube, dass keine von beiden Ansichten das Richtige trifft, viel mehr scheint mir die Sache so zu liegen: An Stelle der sonst üblichen Vorwahl, an der alle Fürsten teilnahmen, wird die Vorberatung diesmal einem Ausschuss von vierzig Fürsten überlassen; und wie sonst bei der allgemeinen Vorwahl die Zahl derer, bei denen man endlich als engstem Ausschuss stehen blieb, durchaus nicht bestimmt war, wenn man gewiss auch immer das Bestreben hatte, sich über Eine Person zu verständigen, ebensowenig hatte man diesmal den Vierzig vorgeschrieben, wie viel Fürsten sie designieren sollten. Wenn die übrigen Fürsten der Wahl des Ausschusses ihre Zustimmung gelobten, so versprachen sie damit, sich von dem Resultat der Vorwahl nicht zu entfernen, sondern sich bei der folgenden namentlichen Abstim-

---

1) Vielleicht auch wollte Adalb., da, wie wir gesehen haben, der schwäbische Stamm so unverhältnismässig stark vertreten war, durch eine solche Anordnung Friedrich dieses Vorteils berauben; oder es waltete nur der Grund ob, den in verschiedener Zahl versammelten Stämmen einen formell gleichen Anteil an der Wahl zu sichern.

2) Jaffé a. a. O. p. 30. Anm. 21. Er stützt sich dabei auf die Worte der narr. quorum electioni ceteri omnes assensum praebere promiserunt, allein darin liegt gar nicht, dass es nur Einer sein soll, den die Vierzig wählen. Wenn Order. Vit. sagt: optimum imperatorem eligant, so darf man auf ihn als einzige Quelle hier nicht zu viel Gewicht legen. Auch schliesst der Ausdruck nicht aus, dass die Vierzig mehrere als die optimi bezeichnen können.

3) Gervais a. a. O. p. 18. Doch spricht für diese Meinung weiter nichts, als dass nach Otto v. Freising vier Fürsten designiert wurden.

mung, der Kur, an Einen der Vorgeschlagenen halten zu wollen. Für diese Ansicht sprechen gewiss auch die folgenden Worte der narr.: Hi (nämlich die Vierzig) itaque tres ex omnibus tam divitiis quam virtute animi praestantiores . . . . in concione designantes unum ex tribus, qui placeret omnibus, in regem eligi persuaserunt. Denn hätte wirklich nur Einer gewählt werden sollen, so würde der Verfasser der narr. doch irgend eine Andeutung gemacht haben, dass die Vierzig sich nicht hätten einigen können, nicht aber mit itaque die Erzählung fortgeführt haben; und ebenso wenn wirklich je ein Stamm einen Candidaten hätte aufstellen sollen.

Das Resultat der Vorberatung, welche ziemlich lange gedauert zu haben scheint [1]), war also, dass nach der narr. drei Fürsten, nämlich Friedrich von Schwaben, Markgraf Leopold von Oestreich und Lothar von Sachsen als Candidaten aufgestellt wurden, aus denen nun den König zu küren der Gesammtheit überlassen wird. Otto von Freising [2]) aber nennt ausser diesen drei noch als vierten Candidaten den Grafen Karl von Flandern, und man hat nun allgemein gemeint nach dieser Erzählung Ottos den Bericht der narr. corrigieren zu müssen, aber wie ich glaube mit Unrecht. Denn aus welchem Grunde soll der Verfasser der narr., welcher doch zweifelsohne von der Wahl, wenn sie wirklich geschehen wäre, gewusst hätte, dieselbe verschwiegen haben? Wenn man meint, weil Karl nicht anwesend war [3]), so ist das einfach gar kein Grund; oder auch weil bei der Wahlverhandlung ferner keine Rücksicht auf ihn genommen wurde, so spricht dies doch gewiss dafür, dass er überhaupt nicht gewählt ist. Denn man konnte doch nicht die Stimmen der Fürsten, welche ihn gewählt hatten, einfach ignorieren?

---

1) Order. Vit. sagt post diutinam collocutionem reversi; die narr. gibt die Zeit nicht an, doch da nach ihr erst am folgenden Tage (cap. 3) mit der Wahlverhandlung fortgefahren wird, so kann man daraus schliessen, dass der grösste Teil des ersten Tages mit der Beratung der Vierzig hingegangen ist.
2) Chronik VII. 17.
3) So Jaffé a. a. O. p. 30. Anm. 23 und Gervais a. a. O. p. 18. Anm.

Sodann spricht weder Order. Vit. noch irgend eine andere Quelle für die Designation Karls[1]). Was endlich den Bericht Galberts, der Otto bestätigen soll, betrifft, so kann man aus demselben vielmehr den Beweis entnehmen, dass Ottos Nachricht, so wie sie dasteht, falsch ist. Wir haben nämlich oben gesehen, dass die Gesandtschaft der Fürsten an Karl und seine Ablehnung der Krone, wovon Galbert erzählt, vor dem Mainzer Tage erfolgt sein muss; man wusste also schon, als man sich in Mainz versammelte, dass Karl die Krone nicht annehmen würde, und wir können deshalb nicht glauben, dass man ihn trotzdem doch gewählt hätte. Vielmehr scheint das Wahrscheinlichere, dass Otto von jener Gesandtschaft und dem Anbieten der Krone gehört hatte, und er dies nun verwechselt, indem er den Grafen von Flandern erst in Mainz designiert werden lässt.

Erkennen wir in diesem Punkte die Richtigkeit der narr. an, so müssen wir ihr doch andererseits wieder einen Vorwurf machen, denn sie verschweigt hier den sehr wichtigen Umstand, dass, um es mit den Worten der vita Chuonradi[2]) auszudrücken, die Stimmen fast aller Fürsten auf Friedrich gefallen seien. Ich glaube nicht, dass wir diese Worte bezweifeln dürfen. Denn schrieb der Verfasser auch erst um 1170, so hatte er den Erzbischof Konrad doch persönlich gekannt, von ihm auch wahrscheinlich die Nachrichten über unsere Wahl erhalten, und gewiss würde er, der natürlich wie auch Konrad selbst auf Lothars Seite stand, diese für Friedrich günstige Nachricht nicht erfunden haben. Sodann bestätigt auch Otto v. Freising diese Worte, wenn er von Friedrich sagt: cum praedictus dux ad regnum a multis exposceretur. Ausserdem aber entspricht diese Erzählung ganz der Lage der Dinge, wenigstens soweit wir dies noch erkennen können: Dass alle schwäbischen Fürsten

---

1) Ausserdem ist zu bemerken, dass die narr. mehrmals ausdrücklich hervorhebt, dass drei Fürsten designiert seien. Hi itaque tres ex omnibus; dann gleich nachher unum ex tribus, und ebenso absente .. Friderico reliqui duo; und noch öfter.

2) SS. XI. 76 . . . . cum in Fridericum ducem Sueviae . . . . . cecidissent vota fere omnium principum. Aus dem Ausdruck vota sieht man, dass dies das Resultat einer Wahl war.

für ihren Herzog stimmten, unterliegt wol keinem Zweifel; dass auch Herzog Heinrich von Baiern auf der Seite seines Schwiegersohnes stand, geht aus den Worten der narr. selbst hervor [1]); und da nun, wie ebenfalls die narr. berichtet, sein Ansehen selbst bei den höchsten Geistlichen seines Stammes so bedeutend war, dass diese ohne seine Zustimmung ihre definitive Stimme nicht abzugeben wagten [2]), so darf man wol ohne den Vorwurf zu grosser Kühnheit annehmen, dass mindestens der grösste Teil des bairischen Adels der Stimme ihres Herzogs gefolgt sind. Dass auch die Ostfranken, wenigstens zum Teil, ferner der Pfalzgraf Gottfried als Anhänger des Staufers betrachtet werden müssen, ist oben schon zu zeigen versucht, und so stellt sich jedenfalls eine bedeutende Majorität für Friedrich heraus. Den Grund zu finden, weshalb die narr. dieses verschweigt, hält nicht schwer. Sie will eben die Rechtmässigkeit der Wahl Lothars darstellen, und deshalb passt es ihr nicht, dass die Majorität der Fürsten auf Friedrichs Seite war, denn dann wäre schwer einzusehen, wie die Geistlichen, ohne zu ganz besonderen Massregeln zu greifen, die Erhebung Lothars auf den Tron durchgesetzt hätten.

Auch die folgenden Worte unsers Verfassers [3]) scheinen mir für seine Parteistellung karakteristisch zu sein. Während aber Herzog Friedrich nicht zugegen war, weisen die beiden anderen, welche da waren, die Krone demütig von sich. Wozu diese nochmalige Erwähnung der Abwesenheit Friedrichs, nachdem erst einige Zeilen vorher dasselbe weitläufig ausgeführt ist? Der ganze Tenor der Worte lässt es nicht wol zu, sie als beiläufige Notiz zu fassen, vielmehr scheinen sie ein Licht auf des Verfassers Stellung zu Friedrich zu werfen. Er bemüht sich auch hier wieder Friedrichs Hochmut und sein unberechtigtes Trotzen auf seine Ansprüche,

---

1) Cap. 4 . . . cum abesset dux Fridericus et cum eo dux Bawaricus.

2) Cap. 5 . . . sine duce Bawarico qui aberat nichil de rege se diffinire dicebant.

3) Cap. 2: Absente autem duce Friderico reliqui duo, qui aderant, oblatum sibi regii nomen imperii profusis lacrimis genibusque terrae defixis humiliter rennuebant.

das ihn der Versammlung fern bleiben liess, recht hervorzuheben gegenüber der Demut der beiden andern Fürsten, welche sogar die angebotene Königswürde zurückweisen.

Wol zu beachten ist auch die moralische Nutzanwendung [1]), welche die narr. aus dieser Weigerung der beiden Candidaten zieht. Die von den Fürsten gezeigte Demut stellt er dar als ein Zeichen Gottes für seine Kirche, wie schmählich und verdammungswürdig das Jagen der Geistlichen nach Ehren und hohen Stellungen sei. Der Verfasser zeigt sich in diesen Worten als ein Anhänger der strengsten kirchlichen Richtung, der Richtung, die um jene Zeit von den salzburgischen Erzbischöfen besonders gepflegt wurde, und man könnte fast geneigt sein zu glauben, dass die ganze Erzählung von der Weigerung jener Beiden erfunden sei, um ihm zu dieser Strafrede Gelegenheit zu geben.

Denn gegen die Sache selbst, wenigstens gegen die Weigerung Lothars, erheben sich doch die schwersten Bedenken. Jaffé [2]) begnügt sich damit, die Worte der narr. zu wiederholen und nur durch eine Hinweisung auf die Erzählung Alberts von Stade einen leisen Zweifel wenigstens anzudeuten. Gervais [3]) dagegen sucht die Wahrheit der narr. aufrecht zu erhalten, wie ich glaube jedoch ohne genügende Gründe.

Wir haben oben gesehen, wie angestrengt Erzbischof Adalbert nach Heinrichs V. Tode dafür gearbeitet hat, die Wahl auf Lothar zu lenken, wie er alles getan hat, um Friedrich von Staufen in Sicherheit einzuwiegen, damit er desto leichter seinen Candidaten durchbringen konnte. Es ist ganz unmöglich zu glauben, dass er dies nicht nur ohne Wissen, sondern sogar gegen den Willen Lothars getan haben sollte, dass die beiden eng verbündeten Männer sich über

---

1) Hoc (nämlich das Ablehnen der Krone) magnum decus et memorabile nec prius auditum jam nostro tempore Dominus suae concessit ecclesiae, ut laicorum scilicet illitteratorum humilitas sanctissima ostenderit in majoribus non ambiendis, quam pernicioso clericorum et literatorum in minoribus, magis tamen in spiritalibus ambicio dampnosa delinqueret.

2) a. a. O. p. 31. Anm. 23 u. 24.

3) a. a. O. p. 19.

diese Sache von der höchsten Wichtigkeit nicht vorher verständigt und im Einverständnis mit einander gehandelt haben sollten. Unerklärlich ist es ferner, dass die Sachsen (denn dass diese ihren Herzog gewählt haben, dürfte wol kaum zu bezweifeln sein) dies getan hätten, wenn Lothar, was sie doch auch wissen musten, entschieden war die Krone nicht anzunehmen. Im Gegenteil, nur wenn sie überzeugt waren, dass er die Wahl annehmen würde, wenn sie also mit ihm die Sache vorher besprochen hatten, konnten sie so fest auf ihrer Wahl bestehen, dass sie trotz der sehr langen Unterhandlung der Vierzig sich der Majorität nicht fügten. Es ist oben ferner schon erwähnt, dass die Sachsen und an ihrer Spitze Lothar, der sich mit den Staufern, seinen Feinden, nie ausgesöhnt hatte, einen König aus diesem Geschlecht auf alle Weise vermeiden musten; die Weigerung Lothars wäre also eine grosse Torheit gewesen, da dann nichts übrig blieb, als Friedrich auf den Tron zu erheben. Hierzu kommt noch, dass keine der anderen Quellen etwas von dieser Weigerung weiss ausser Otto von Freising[1]), während Albert von Stade von Lothar gradezu sagt ultro se offerentem[2]). Sehr auffällig ist es auch, dass diese Weigerung nach der eignen Darstellung der narr. von den andern Fürsten gar nicht beachtet wird, sondern Adalbert frägt Lothar so gut wie Friedrich, ob er jeden, der aus den drei von den Fürsten gewählt würde, als König anerkennen wollte, eine Frage, die, wenn Lothar wirklich die Krone abgelehnt hätte, völlig überflüssig gewesen wäre. Auch das ganze Verhalten Lothars, wie es aus der narr. hervorgeht, steht mit dieser Nachricht in Widerspruch. Noch als er von einigen Laien plötzlich zum König ausgerufen wird, soll er sich heftig gesträubt haben, und als der daraus entstehende Tumult mit Mühe besänftigt ist, — kein Wort mehr von einer Weigerung, aber auch keines davon, dass Lothar sich jetzt bereit erklärt habe

---

1) Otto v. Freising und die ihn ausschreibenden Quellen Chron. Admuntense (SS. IX) und Gotfried v. Viterbo; doch da, wie wir oben gesehen, Otto dies aus der narr. entnommen zu haben scheint, so dürfen wir wol nicht zu viel Gewicht darauf legen. Cf. unten p. 46 Anm.

2) Alb. Stad. 1126 . . . . Unde statim arrepta occasione Lotharium elegerunt ultro se offerentem.

die Krone anzunehmen; er bemüht sich Friedrichs Anhänger auf seine Seite zu ziehen, ja er bietet diesem selbst für seine Unterwerfung 200 Mark Einkünfte an¹). Es bliebe nun nur noch übrig, um wenigstens die Glaubwürdigkeit der narr. zu retten, anzunehmen, dass Lothar im Einverständnis mit Adalbert die Weigerung erheuchelt habe, allein dann ist unbegreiflich, was die beiden, Lothar und Adalbert, dadurch erreichen wollten. Wenn man etwa meint, sie hätten Friedrich dadurch in die Stadt und in die Versammlung locken wollen, so sehe ich nicht ein, wie ihnen daran etwas gelegen sein konnte, vielmehr muste gerade Friedrichs Abwesenheit den Bestrebungen und Plänen der Gegenpartei nur förderlich sein. Auch dass Friedrich durch solchen Verzicht seines Gegners bewogen würde ebenfalls zu verzichten, wird Adalbert, der den stolzen Schwabenherzog wol kannte, nicht haben erwarten können. Ausserdem aber ist man, glaube ich, nicht berechtigt, einem Mann, wie Lothar, einen solchen Vorwurf zu machen; wenn er auch nach dem Trone strebte und Friedrich von demselben zu verdrängen suchte, einer solchen Heuchelei eines solchen Betruges wäre er nicht fähig gewesen.

Nicht so unwahrscheinlich ist, dass Leopold von Oestreich die Krone von sich gewiesen hat²), wenn auch nicht, wie

---

1) Cf. narr. cap. 7.
2) Wir erfahren nicht, von welchen Fürsten Leopold gewählt ist. Jedenfalls vertraten diese innerhalb der beiden extremen Parteien, der staufischen und der lotharisch-kirchlichen, einen gemässigteren Standpunkt. Ihre Absicht scheint gewesen zu sein, durch die Wahl eines Fürsten wie Leopold, der anerkannt ein Freund der Kirche — er bekam nachher den Beinamen Sanctus — und durch seine Gemahlin den Staufern nahe verwandt war, beiden Parteien gerecht zu werden und zwischen ihnen zu vermitteln. In Frage zu ziehen ist allerdings auch noch die Möglichkeit, dass die drei Fürsten nicht von drei wirklich verschiedenen Parteien aufgestellt sind, sondern dass der Ausschuss sich über drei Fürsten im allgemeinen verständigt — das Nähere der Kur überlassend — und da zu den zwei Parteihäuptern einen dritten, gewissermassen neutralen genommen hat. Doch erscheint mir diese Auffassung unwahrscheinlich. Man begreift nicht, wie die Fürsten gerade auf drei Candidaten verfallen, wenn es nicht eben eine dritte Partei gab, welcher keiner der beiden zuerst aufgestellten ge-

die narr. erzählt, unter strömenden Tränen und Kniebeugungen. Er muste erkennen, dass zu einer Zeit, wo der gesunkene Zustand des Reiches dringend einen starken und mächtigen Herrscher erforderte, wo er ausserdem zwei ihm an Macht weit überlegene Herzöge sich um den Tron bewerben sah, seine Wahl das Reich nur in noch grössere Verwirrung stürzen würde, da er bei seiner geringen Hausmacht nicht im Stande war, die emporstrebenden Elemente im Reich niederzuhalten. Ausserdem aber mochte ihn auch wol die Rücksicht auf seinen Stiefsohn, Friedrich von Schwaben, dessen Ansprüche an die Krone er anerkennen muste, zu diesem Verzicht bewogen haben. Wir brauchen der narr. deshalb nicht grade den Vorwurf absichtlicher Fälschung zu machen, wenn sie von Lothar ein Gleiches, wie von Leopold erzählt, vielmehr ist es auch wol möglich, dass sie nach einem übel verstandenen Bericht des Salzburger Erzbischofs oder eines Anderen von beiden Fürsten berichtet, was nur für Einen galt.

Am folgenden Tage [1]) versammelten sich dann sämmtliche Fürsten wieder in Mainz, ohne Zweifel um jetzt durch namentliche Abstimmung einen von den drei Designierten zum König zu küren, und jetzt war auch Herzog Friedrich in der Versammlung erschienen. Wenn die narr. erzählt: Von Ehrgeiz verblendet eilte Herzog Friedrich, in der stolzen Hoffnung, dass nun seiner definitiven Wahl nichts mehr im Wege stände, jetzt ohne Geleit in die Stadt, die er Tags zuvor mit Geleit zu betreten gefürchtet hatte, und begab sich in die Versammlung der Fürsten, so kann man sich dadurch nicht täuschen lassen. Ausdrücke wie ambicione cecatus [2]),

---

nehm war; ausserdem aber war die staufische Partei so fest entschlossen nur Friedrich zu wählen, dass, als sie seine Anerkennung von Seiten der anderen Fürsten in Frage gestellt sah, sie den Saal verliess (cf. unten); deshalb glaube ich nicht, dass sie sich auf ein Compromis mit der Gegenpartei eingelassen, wodurch Friedrichs Wahl ebenfalls wieder zweifelhaft werden konnte.

1) Also am 26. August. S. Jaffé a. a. O. 31. Anm. 25 und 26.

2) Denn hätten auch wirklich beide Fürsten verzichtet, und hätte deshalb Friedrich geglaubt sibi consequenter reservatum et quasi indubitanter conferendum, quod a duobus vidit humiliter refutatum, so

was vollkommen unbegründet ist, und in regem eligi paratus astabat zeigen zu deutlich, dass es ihr nur darauf ankommt, Friedrich schlecht zu machen, sein Verfahren in einem möglichst ungünstigen Lichte darzustellen. Vielmehr wird man dies als den Sachverhalt hinstellen können. Friedrich hat das Resultat der ersten Versammlung erfahren, dass nämlich drei Fürsten designiert sind, darunter auch er, von einer bedeutenden Majorität gewählt, und dass am folgenden Tage die Kur stattfinden soll; und deshalb beschliesst auch er jetzt nach Mainz zu gehen, indem er allerdings wahrscheinlich glaubte, dass seine Wahl nun gesichert sei.

Aber gar bald erfuhr er, wie sehr er sich getäuscht hatte. Denn bevor man zur Kur selbst schritt, erhob sich Erzbischof Adalbert [1]) und legte den drei Designierten die Frage vor, ob sie ohne Widerspruch, Rückhalt und Hass, dem der von ihnen dreien von den Fürsten gemeinschaftlich gewählt würde, gehorchen wollten, worauf Lothar und Leopold sofort bejahend antworteten. Als er dann aber auch Friedrich fragte, ob er zur Ehre der gesammten Kirche und des Reiches und zur dauernden Empfehlung der freien Wahl dasselbe tun wolle, erklärte dieser [2]), dass er ohne den Rat der Seinigen, die im Lager geblieben, keine Antwort geben wolle noch könne, und da er sah, dass die Fürsten keineswegs einstimmig seine Erhebung wollten, so entzog er von jetzt der Versammlung seinen Rat und seinen Anblick. So erzählt die narr. nicht ohne nochmals die Ablehnung der

---

würde er nur getan haben, was jeder andere an seiner Stelle auch getan hätte, auch dann würde man ihn nicht ambicione cecatus nennen können. Wollte man etwas tadeln, so kann es nur das sein, dass er jetzt ohne Geleit nach Mainz zieht, denn so zeigte er doch zu deutlich, dass die Furcht vor den Mainzern, welche er am vorigen Tage als Grund seines Fernbleibens angegeben hatte, nur erheuchelt war.

1) Narr. c. 3. Surgens vero Moguntinus archiep. consultu requisivit a tribus praefatis principibus utrum sine contradictione sive retractione et invidia singuli quoque (quique) tertio communiter a principibus electo vellent obedire.

2) Wenn Gervais (a. a. O. 19) behauptet, dass Friedrich diese Worte kurz und barsch ausgestossen habe, so ist das eigner Zusatz, in dem Ausdruck der narr. asseruit liegt nichts davon.

Krone von Seiten Lothars und Leopolds zu erwähnen. Obgleich die anderen Quellen nichts von diesen Nachrichten der narr. haben [1]), so dürfen wir doch wol denselben im Ganzen Glauben schenken. Die Frage des Erzbischofs an die drei Candidaten hat nichts auffälliges. Denn um einen Bürgerkrieg zu vermeiden, war es gewiss notwendig, eine Bürgschaft dafür zu haben, dass jeder von ihnen sich der Entscheidung der Fürsten fügte, und dem Erzbischof als dem Leiter der Wahl stand es zunächst zu, sich von jedem ein solches Versprechen geben zu lassen. Wenn Lothar dieses Versprechen so ganz rückhaltlos gibt, so hat die Annahme viel Wahrscheinlichkeit für sich, dass das Vertrauen auf seinen Freund, den Erzbischof, vielleicht auch eine Verabredung mit diesem ihn so gefügig gemacht hat. Dem Herzog Friedrich muss diese Frage unerwartet gekommen sein, und er eine List des Erzbischofs hinter ihr gefürchtet haben, denn daraus, dass Adalbert ihn noch einmal besonders fragt, scheint hervorzugehen, dass er mit seiner Antwort gezögert hat. Aeusserst geschickt und schlau ist der Zusatz, den Adalbert zu der zweiten Frage macht. In den Worten liberae electionis commendacionem perpetuam liegt ein scheinbares Zugeständnis an die Ansprüche Friedrichs, und der Erzbischof sucht die Sache so zu drehen, als ob er ihm nur rein formell eine solche Frage vorlegte; andererseits aber hatte er die Worte so gewählt, dass, wenn Friedrich verneinend oder auch nur ablehnend antwortete, es ihm leicht war, den Herzog in den Augen der anderen Fürsten als allzu hochmütig und herrschsüchtig, als Verletzer ihres freien Wahlrechts darzustellen [2]). Man darf, glaube ich, nicht annehmen, dass Adalbert eine bejahende Antwort von Friedrich erzielen wollte, dadurch wäre für ihn und seine Partei nichts gewon-

---

1) Nur Order. Vit. scheint eine Ahnung von einer Frage des Erzbischofs gehabt zu haben, wenn er ihn sagen lässt: Illi autem quemcunque elegeritis subiciemur in nomine Dei omnipotentis. Porro si quis vestrum a communi discrepaverit edicto, decolletur continuo, ne per unius protervium christianorum perturbetur sancta concio.

2) Jaffé (a. a. O. 32) behauptet zuviel, wenn er sagt: Friedrichs Antwort zeigte ganz offen, wie er .... einer ihm feindlichen Entscheidung Widerstand zu leisten gesonnen sei.

nen gewesen, vielmehr wäre die Sache ganz so geblieben, wie sie jetzt stand, d. h. die Majorität der Fürsten hätte nach wie vor Friedrich ihre Stimme gegeben. Aber grade das war der Fehler Friedrichs, dass er sein stolzes Herz nicht beugen konnte, dass er auch nicht den Schein eines Aufgebens seiner Ansprüche erwecken wollte; damit gab er der feindlichen Partei eine starke Waffe gegen sich in die Hand, die sie auf's eifrigste zu benutzen keinen Augenblick anstand. Friedrich selbst verliess nach seiner Antwort die Versammlung, um mit seinen Freunden weitere Schritte zu beraten, nicht sowol aber wie die narr. sagt quia ad se exaltandum principum animos nequaquam unanimes usquequaque persensit. Denn dass alle Fürsten ihn einstimmig zum König wählen würden, kann Friedrich nach der Lage der Dinge in Deutschland nie geglaubt haben, namentlich jetzt nicht, da ja ausser ihm noch zwei andere Fürsten designiert waren; nur das, was er seit Kurzem geahnt und gefürchtet hatte, wurde ihm jetzt zur bitteren Ueberzeugung, dass der Erzbischof Adalbert, der sich bisher immer als sein Freund, als ein Hauptbeförderer seiner Wahl gestellt hatte, ihn schmählich getäuscht und betrogen habe.

Nach der narr. scheint es, als ob die Anhänger Friedrichs nicht mit ihm die Versammlung verlassen hätten, denn sie fährt fort[1]): „Da die Fürsten also diesen grossen Ehrgeiz des Herzogs sahen und dieses trotzige Fordern der Macht, als ob dieselbe ihm zukäme, beschlossen sie einstimmig ihn, den sie schon vor seiner Erhebung so stolz und herrschlustig sahen, niemals zum Herrscher zu wählen." Auch diese Nachricht ist unbegreiflicher Weise von fast sämmtlichen Neueren unbedingt aufgenommen worden. Aber wer allein konnte sich durch die Antwort Friedrichs verletzt

---

1) Nur von dem Herzog Heinrich sagt sie: cum abesset dux Fridericus et cum eo dux Bawaricus. Schon diese Worte zeigen zur Genüge, dass Gervais Unrecht hat, wenn er (a. a. O. p. 20) sagt, dass »der mächtige aber beschränkte Herzog Heinrich von Baiern« sich auf Ersuchen Adalberts und Lothars zu Friedrich begeben habe, um »diesen zur Folgeleistung der Beschlüsse, welche die Versammlung fasse, zu überreden, oder ihn mindestens von Feindseligkeiten, die den Ausgang des Wahlaktes stören, abzuhalten.«

fühlen? Doch nur die ihm feindliche Partei, und diese war ja schon vorher fest entschlossen gewesen, ihn nicht zu wählen; allenfalls haben auch noch die Fürsten, welche Leopold ihre Stimmen gegeben hatten, das Benehmen des Herzogs misbilligen können ¹). Gar nicht denkbar aber ist es, dass die grösste Partei, eben die Friedrichs, welche seine Ansprüche auf die Krone für die allein berechtigten hielt, sich dadurch verletzt fühlen konnte, dass er, ehe er eine definitive Antwort gab, welche vielleicht ein Abstehen von seinen Ansprüchen einzuschliessen schien, ihren ²) Rat einholen zu wollen erklärte. Von einer allgemeinen Empörung also, von einem einstimmigen Entschluss der Fürsten, Friedrich von Staufen nicht zu wählen, kann nicht die Rede sein. Ausserdem aber steht die narr. in diesem Punkte mit verschiedenen anderen Quellen in directem Widerspruch. Nach ihr hat Friedrich also ganz allein durch sein Benehmen es verschuldet, dass ihm die Krone verloren gieng, dass Lothar über ihn in dem Wahlkampfe den Sieg davontrug; dagegen aber sagt der Annalista Saxo ³), dass durch die Bemühung der Bischöfe, besonders aber der beiden Erzbischöfe von Mainz und Köln, Lothar zum König gemacht sei. Die vita Chuonradi ⁴) erzählt, dass besonders den Anstrengungen Konrads

---

1) Wenn ich auch nicht leugnen will, dass Friedrichs Antwort bei einigen Fürsten wirklich Anstoss erregt haben mag, so scheint es doch unbegründet, wenn Phillips (a. a. O. 250. 251) sagt, dass dadurch »Friedrichs Wahl unmöglich geworden« und dass »seine Ausschliessung durch sein Benehmen bei Gelegenheit der Wahlverhandlungen auf's Vollständigste gerechtfertigt (!)« sei. Auch Ausdrücke wie »ungeziemendes Betragen« oder gar »ungestümes Verfahren«, welche Gervais (a. a. O. 19, 21) braucht, sind doch wol nicht passend noch gerechtfertigt.

2) Allerdings können die sui in castris relicti nur die Ritter und Mannen Friedrichs sein, da ja die Fürsten seiner Partei in der Versammlung zugegen sind, aber das Ausbleiben Herzog Heinrichs am folgenden Tage zeigt doch, dass Friedrich mit seiner Partei sich berät; es ist in diesen Worten der narr. ein Widerspruch, welcher schwer zu lösen ist.

3) Ann. Saxo 1125. cf. oben p. 12. Anm. 1.

4) Vita Chuonr. 21 a. a. O. rex constitutus est Lotharius dux

von Salzburg Lothar seine Erhebung verdankt habe. Ferner Otto von Freising [1]) und Petrus Diaconus [2]) behaupten übereinstimmend, dass Adalbert von Mainz aus Hass gegen die Erben des verstorbenen Kaisers die Fürsten bearbeitet habe, Lothar zu wählen; Berthold von Zwiefalten [3]) endlich sagt, dass durch Parteiumtriebe des Mainzer Erzbischofs die Krone von Friedrich an Lothar gefallen sei. So haben wir hier fünf im Wesentlichen gleichlautende Quellen, von denen zwei entschieden auf Seiten Lothars und der Kirchenpartei stehen [4]), und die wir also hinsichtlich dieser Nachricht anzuzweifeln keinen Grund haben, gegenüber einer einzigen, deren Bericht wir schon wiederholt als falsch erkannt haben. Die Wahl zwischen beiden wird deshalb, glaube ich, nicht schwierig sein, zumal, wie wir oben gesehen, die Nachricht der narr. auch aus sachlichen Gründen verworfen werden muss. Auch hier wieder hat die narr., um ja jeden Grund, der die Rechtmässigkeit der Wahl Lothars in Frage stellen könnte, zu vermeiden, einen sehr wichtigen Punkt, den sie unbedingt kennen musste, verschwiegen, dagegen alle Schuld von Lothar und seiner Partei weg auf Friedrich von Staufen zu lenken gesucht. Hätte sie einfach die Bemühungen der Geistlichkeit verschwiegen, so liesse sich dies dadurch erklären, dass sie nur die ganz äusseren Tatsachen der Wahl darlegen will, und dann hätte sie gewiss ein Recht dazu; aber gerade dass sie die Sache umkehrt, dass sie durch

---

Saxonum, multum pro eo laborante Chuonrado archiepiscopo, quia in scismate fideliter adhaeserat sanctae Romanae ecclesiae.

1) Otto Fris. Gesta I. 16. . . . Albertus . . . malorum a duce Friderico sibi illatorum haud immemor, cum praedictus dux ad regnum a multis exposceretur, ipse Lotharium in regem a cunctis qui aderant principibus eligi persuasit.

2) Petrus Diac. Cf. oben p. 10 Anm. 1 u. p. 11 Anm. 1.

3) Berth. Chronicon SS. X. 114. Fridericus de Stauphe, dux Sueviae, nimis indignans, quod post Heinrici mortem imperatoris avunculi sui factione Adalberti Magont. episcopi regnum ab eo ad Lotharium esset translatum . . . . . .

4) Nämlich der Ann. Saxo und die Vita Chuonr. Auch Petrus Diac. ist ein entschiedener Anhänger Lothars, den zu loben er nicht genug Worte finden kann. Ebenso ist Berthold von Zwifalten nichts weniger als ein Freund der kaiserlichen Partei.

Friedrichs Schuld geschehen lässt, was doch nur durch die Geistlichkeit bewirkt ist, das ist es, was man ihr zum Vorwurf machen muss, wodurch sie sich als Tendenzschrift manifestiert.

Auch in der Fortsetzung seiner Erzählung vermeidet unser Verfasser ängstlich, irgend eine besondere Bemühung der Bischöfe für Lothar zu erwähnen, und da uns andere nähere Nachrichten über den endlichen Ausgang der Wahl fehlen [1]), so ist es sehr schwierig nach der narr. allein den wahren Sachverhalt festzustellen. Die Erzählung geht also so weiter [2]): Nachdem die Fürsten sich am folgenden Tage ohne Beisein der Herzöge von Schwaben und Baiern wieder versammelt hatten, legte Adalbert den beiden Designierten, welche zugegen waren, Lothar und Leopold, die Frage vor, ob sie ohne Rücksicht auf ihre vorhergegangene Designation jeder Wahl, welche die Fürsten treffen würden, zustimmen wollten, worauf beide bejahend antworteten. Da als man eben, ohne sich weiter um die geschehene Vorwahl zu kümmern [3]), die Wahl von neuem beginnen wollte, erhoben plötzlich viele Laien den Ruf: Lothar soll König sein, hoben ihn auf ihre Schulter und trugen ihn, der sich heftig sträubte, im Triumph im Saale umher [4]). Viele Fürsten aber, und besonders die bairischen Bischöfe, empört über eine solche gewaltsame Unterbrechung der Wahl, schickten sich an, den Saal zu verlassen. Doch Adalbert und einige andere Fürsten

---

1) Orderichs Darstellung wird hier ganz unbrauchbar: Nach ihm sind drei Fürsten designiert, nämlich Friedrich, Lothar und ein ganz unbekannter Herzog Heinrich von Lothringen, den er den Schwiegervater Lothars nennt. Diesen drei wird die Wahl des Königs überlassen, und Heinrich ernennt dann seinen Schwiegersohn dazu, welcher Wahl denn auch Friedrich, obwol sehr ungern zustimmen muss. Eine ähnliche Verwirrung findet sich bei Petrus Diac., nach dem die Wahl des Königs dem Erzbischof Adalbert und Lothar allein überlassen wird.

2) Cap. 4—6.

3) So sind, wie ich mit Jaffé (a. a. O. p. 33. Anm. 32) annehme, die Worte dimissis jam praenominatis zu übersetzen.

4) Dass diese Laien von aussen in den Saal gedrungen seien, wie Raumer und Gervais behaupten, hat schon Jaffé mit Recht als falsch zurückgewiesen.

liessen die Tür besetzen, um keinen hinaus noch hinein zu lassen[1]). Während nun Lothar im Saale unter tobendem Geschrei umhergetragen wurde, erhob die draussen harrende Menge lautes Freudengeschrei, und der Tumult wurde so arg, dass Lothar höchst erzürnt über seine Ergreifung Genugtuung forderte, und die Bischöfe mit Gewalt auszubrechen suchten; kaum gelang es endlich dem Cardinal und den verständigeren Fürsten den Aufruhr zu beschwichtigen und Alle zum Sitzen zu bewegen. Dann nahm der Cardinal die Bischöfe beiseit, warf ihnen mit heftigen Worten die Schuld der Zwietracht vor und machte sie verantwortlich für alles Unglück, welches durch ihre Trennung von den übrigen entstehen würde. „Nachdem endlich Gelegenheit zum Reden gegeben war, sprachen der Salzburger Erzbischof und der Bischof von Regensburg in sehr ehrenhafter Weise von sich und der Würde des Reichs, bemühten sich die Parteien zur Eintracht zu bringen und erklärten ohne den Herzog von Baiern keine Entscheidung über den König zu geben." Ausserdem forderten sie für die ihnen und der Majestät des Reiches geschehene Beleidigung von den Fürsten die schuldige Genugtuung. Nachdem man dann Herzog Heinrich herbeigeholt hatte, wurde Lothar einstimmig zum König erwählt. Hierauf folgt endlich noch die Erzählung von der bekannten Wahlcapitulation Lothars.

Wol in keinem Teile ihrer Darstellung erkennt man deutlicher die Tendenz der narr. Ohne bedeutende Schwierigkeit, ohne irgend welche Anstrengungen der kirchlichen Partei scheint nach ihr die einmütige Wahl Lothars vor sich

---

1) Wenn Gervais (a. a. O. 21) sagt: »Adalbert gebot endlich den Störern der Versammlung Ruhe und den Saal zu schliessen«, so ist das erste eigener Zusatz, der die ganze Scene sehr verändert; in der narr. steht nichts davon. — Uebrigens zeigen diese Worte, dass die Fürsten in einem Saale versammelt sind. Zwar lässt Order. (a. a. O. p. 76) Adalbert zu den Versammelten sagen: Barones, qui adsitis in hac planicie; doch haben wir keinen Grund die besser unterrichtete narr. zu bezweifeln. Oder soll man vielleicht annehmen, dass die Versammlungen an verschiedenen Orten stattgefunden haben? Aber auch dann würde man niemals von einer planicies reden können, da nach der narr. die Fürsten stets in Mainz selbst zusammenkamen.

gegangen zu sein; ja als nicht Alles ordnungsmässig herzugehen anfängt, sollen es gerade die Bischöfe sein, die sich einer solchen Wahl widersetzen. Sehen wir zu, wie weit wir in diese Erzählung Klarheit hineinbringen können.

Gleich die erste Nachricht, dass nämlich allein Friedrich und Heinrich von Baiern am folgenden Tage in der Versammlung fehlen sollen, erscheint durchaus unwahrscheinlich. Friedrich hat die Versammlung verlassen, um mit seinen Anhängern sich zu beraten, was er, nachdem er Adalberts Plan durchschaut, zu tun habe. Deshalb ist es nicht mehr als selbstverständlich, dass er dieselben zu diesem Zweck getrennt von der Gegenpartei um sich versammelt; und eben so gut, wie es ihm gelungen ist, den Herzog von Baiern, den mächtigsten seiner Freunde, dazu zu bewegen, von der Versammlung einstweilen fern zu bleiben, eben so gut wird er auch seine anderen Anhänger, wenigstens den grössten Teil derselben, bei sich behalten haben. Denn mochten auch Adalbert und seine Genossen schon angefangen haben, den Saamen der Zwietracht zwischen die staufische Partei zu streuen, mochte es ihnen auch selbst schon gelungen sein, den einen oder den andern von Friedrichs Anhängern schwankend oder abspänstig zu machen, jedenfalls war Friedrich zur Zeit noch das Haupt einer grossen Partei und hatte über seine Freunde, wie ja das Ausbleiben Herzog Heinrichs beweist, einige Gewalt. Man sieht auch nicht ein, was es hätte nützen sollen, wenn jene beiden Fürsten wirklich allein draussen geblieben wären; vielmehr konnte ihre Absicht nur sein, dadurch dass sie einen grossen, vielleicht noch immer den grösseren Teil der Fürsten von der Versammlung fern hielten, der feindlichen Partei einen allgemeinen Beschluss über den neuen König unmöglich zu machen, und vielleicht auch inzwischen wol die Zeit zu benutzen, durch Unterhandlungen mit den Einzelnen noch mehr Fürsten auf ihre Seite zu ziehen. Auch der Umstand, dass, als die in Mainz gebliebenen Fürsten auf Adalberts Anraten eine neue Wahl vorzunehmen beschliessen, ohne sich um Friedrich im geringsten zu kümmern, von keiner Seite ein Widerspruch dagegen erhoben wird, spricht für die Annahme, dass jene Partei in der Versammlung nicht vertreten war. Man sieht leicht ein, warum die narr. dies verschwiegen hat. Es könnte die volle Rechtmässigkeit der Wahl Lothars in Zweifel gezogen werden, wenn er nur von einem geringen Teil der Fürsten im Widerspruch zu einer grösseren Partei, die Friedrich von Staufen auf den Tron zu erheben suchte, gewält worden ist; es wäre ferner unbegreiflich, wie ohne die Bemühungen und Ueberredungskünste der Geistlichen endlich doch alle Fürsten sich für Lothar entschieden haben.

So war also nicht, wie Jaffé meint [1]), Alles für den folgenden Tag zur Entscheidung vorbereitet, vielmehr war dieselbe, wenigstens wie Friedrich und Heinrich wähnten, zunächst unmöglich gemacht; sie waren überzeugt, dass Adalbert nicht daran denken würde, so lange sie zusammen hielten, einen neuen König aufzustellen.

Allein sie hatten sich wieder in dem Erzbischof getäuscht. Adalbert, welcher fast die gesammte Geistlichkeit hinter sich hatte, der des Beistandes der päbstlichen Legaten sicher war, der auch vielleicht den Karakter mancher Freunde Friedrichs besser kannte, als dieser selbst, entschloss sich unbekümmert um die feindliche Partei seinen Plan schnell durchzuführen. Er versammelt deshalb am folgenden Tage gerade so wie vorher die Fürsten um sich und richtet dann an die beiden anwesenden Designierten jene Frage [2]), ob sie gesonnen wären auf ihre Vorwahl zu verzichten und jedem Könige, den die Fürsten beliebig erwählen würden, Anerkennung versprächen. Als dann beide bejahen, wird die Vorwahl als aufgehoben betrachtet [3]) und unverweilt zu einer Neuwahl

---

1) a. a. O. p. 32.

2) C. 4: utrum uterque nominatorum in electione principum, qui aderant, refutata a se designatione praemissa concorditer et benigne in eligenda quacunque persona principum voluntati vellent praebere consensum. Weder Gervais noch Rospatt bemerken den Unterschied zwischen dieser Frage und der des vorigen Tages und kommen dadurch weiter zu der irrigen Meinung, dass Adalbert die beiden Fürsten aus der Versammlung entlassen habe. Schon der eine Umstand, dass man eine ganz neue Wahl veranstalten will, zeigt, wie verkehrt jene Ansicht ist.

3) Das liegt ohne Zweifel in den Worten refutata a se designatione praemissa. Die Meinung Jaffés (p. 33. Anm. 31): »die Absicht Adalberts bei dieser Forderung ist offenbar, Friedrich durch die Auf-

geschritten. Ueber das Recht, mit dem ein solches Verfahren eingeschlagen wurde, scheint man sich hier nicht viel Scrupel gemacht zu haben. Ohne Zweifel waren die Fürsten berechtigt in einem Falle, wo die Designierten sich nicht mit einander verständigen konnten, und deshalb die Wahl des Einen oder des Andern einen Bürgerkrieg hervorzurufen drohte, die Vorwahl aufzuheben und eine neue zu veranstalten, doch mussten die Designierten auf das ihnen durch die Vorwahl gewordene Recht verzichten. Hier aber verzichteten nur zwei, während der dritte gar nicht gefragt wurde; ausserdem war diese Versammlung durchaus nicht eine allgemeine, da ja, wie wir gesehen, ein grosser Teil der Fürsten abwesend war, sodass man wol zweifeln kann, ob die lotharisch-kirchliche Partei hier im Rechte war. Fast scheint es, als ob der Verfasser der narr. etwas derartiges empfunden hat, denn er sagt nicht, wer die Fürsten zur Wahl auffordert, sondern ganz allgemein: cum . . . principes admonerentur, ut . . . . personam quaererent, quam . . . . regno praeficerent; will er dadurch nicht vielleicht von Adalbert, der doch jedenfalls dieser „Ermahner" war, jeden bösen Schein entfernen?

Aber die Partei wusste schon auf andere Weise das etwa fehlende Recht zu ergänzen. Es kommt gar nicht zu einer geregelten Vorwahl, sondern plötzlich, wie getrieben durch eine höhere Inspiration, wird Lothar von vielen Laien zum König ausgerufen [1]).

Wer diese Fürsten gewesen sind, sagt die narr. nicht, vielmehr ist der Ausdruck a laicis quam pluribus möglichst allgemein und unbestimmt gewählt, und man darf es wol mindestens zweifelhaft nennen, ob es wirklich bloss Laien waren, die Lothar zum König ausgerufen haben. Nach der ganzen Richtung der narr. kann man die Vermutung nicht unterdrücken, dass jene Worte auch den entferntesten Ver-

---

hebung der Vorwahl jedes ihm aus ihr entspringenden Vorteils zu berauben«, teile ich vollkommen.

1) Wol möglich ist es, dass Lothar selbst eine solche Erhebung nicht gebilligt hat, sondern nur, wie es in der narr. und Otto v. Freis. heisst: renitens ac reclamans extollitur.

dacht eines Wirkens für Lothars Erhebung von der Geistlichkeit entfernen sollen. Wir erfahren nicht, ob Adalbert auch hierbei seine Hand im Spiele gehabt hat, ob er etwa die Fürsten zu dieser Tat veranlasst hat. Aus dem Schweigen der narr. hierüber können wir das Gegenteil jedenfalls nicht entnehmen, denn die etwaige Teilname des Erzbischofs würde sie ihrer Tendenz gemäss doch verschwiegen haben. Jedenfalls zeigt Adalberts Verhalten bei dem entstehenden Tumult, dass er nämlich die Tür besetzen lässt, um die Unzufriedenen nicht hinauszulassen, wie er mit einer solchen Wendung der Sache durchaus nicht unzufrieden war. Und wenn wir ferner beachten, wie der Cardinal handelt, als die Erhebung nicht den gehofften allgemeinen Anklang findet, als viele Fürsten und namentlich bairische Bischöfe nach der narr., in der Voraussicht, welche Gefahren eine so unerhörte und geradezu gewaltsame Erhebung Lothars für den inneren Frieden des Reiches herbeiführen würde, sich derselben mit aller Kraft widersetzen und, da es ihnen nicht gelingt die Unvernünftigen zur ruhigen Beratung zurückzubringen, den Saal verlassen wollen, wie der Cardinal sie da bei Seite nimmt und ihnen mit heftigen Worten die Einwilligung mit dem Geschehenen abverlangt, so darf man wol schliessen, dass sowol Adalbert wie der Cardinal die eigentlichen Urheber des Tumultes gewesen sind, dass auf ihre Veranlassung dieser Staatsstreich, denn so kann man die Erhebung Lothars nennen, ausgeführt worden ist.

Nach der narr. müssen wir annehmen, dass unter diesen Unzufriedenen auch der Erzbischof Konrad von Salzburg gewesen sei, denn sie sagt einfach maxime Bawaricae pro-

---

1) Cap. 5: Domnus Cardinalis ... episcopos seorsum conveniens discessionis culpam in ipsos graviter intorsit et nisi ad pacem et concordiam et ipsi redirent et alios minus doctos sua informatione reducerent, praedam strages et incendia et quaecumque mala per hanc discessionem suboritura ipsis adscripsit. Dies ist das einzige Mal, wo die narr. so zu sagen aus ihrer Rolle fällt und die Bemühung eines Geistlichen für Lothar erwähnt. Auch hier schwächt Gervais den Ausdruck der narr. ab, wenn er sagt, der Cardinal ermahnte die Bischöfe etc.; in graviter intorsit liegt viel mehr als ein blosses Ermahnen.

vinciae episcopi, ohne jenen auszunehmen. Allein nach der schon oben angeführten Stelle der vita Chuonradi haben wir allen Grund, dies sehr in Zweifel zu ziehen. Ausserdem widerspricht es jener Nachricht auch, wenn die narr. nachher von Konrad sagt ad concordiam partes transferre laborabat, was doch nur heissen kann, er suchte die mit dem Geschehenen Unzufriedenen zu beruhigen und mit den Andern, also den Veranlassern des Tumults, zu versöhnen. Ohne Zweifel will der Verf. seines Erzbischofs Bemühungen um eine rechtmässige Wahl des neuen Königs hervorheben, die unzweifelhaft feststehenden Bemühungen Konrads für Lothars Wahl verschweigt er dagegen [1]). Vielleicht darf man deshalb annehmen, dass Konrad ebenso wie der päbstliche Legat die aufgeregten Gemüter zu beschwichtigen suchte, indem er beantragte die Ruhestörer zur Rechenschaft zu ziehen und den versammelten Fürsten vorschlug mit der definitiven Abstimmung oder Kur zu warten, bis es gelungen sei den Herzog von Baiern für Lothar zu gewinnen.

So war der Streich Adalberts gelungen, seiner, des Cardinals und des Salzburgers Autorität beugten sich alle Widerstrebenden. Stillschweigend wurde dieses plötzliche Ausrufen Lothars zum König als Vorwahl angenommen, und da er so der einzige Designierte war, konnte man seine definitive Wahl als gesichert ansehen. Zunächst kam es nur darauf an die feindliche Partei zu sprengen und möglichst viele Anhänger Friedrichs für Lothar zu gewinnen, und dazu machte man sich unverweilt an's Werk.

Wenn die narr. dann einfach fortfährt: Accito igitur duce Bawarico jam sancti spiritus gratia ad unum idemque studium animos omnium unire curabat, so liegt auf der Hand, dass hier etwas sehr wichtiges verschwiegen wird, nämlich durch welche Mittel man Heinrich bewog von seinem Schwiegersohn abzufallen und Lothar seine Stimme zu geben. Dass dazu bedeutende Anstrengungen von Seiten der Geistlichkeit und Lothars nötig waren, dass man dem Herzog grosse Versprechungen machen musste, kann man nicht bezweifeln, auch wenn die narr. nichts davon sagt. Aber auch aus

---

1) Cf. Waitz in den Forschungen VIII. p. 91.

ihren eigenen Worten erfahren wir nachher, dass man um diese Zeit Unterhandlungen mit Friedrich von Staufen anfieng [1]) und ihm für seinen Verzicht auf die Krone 200 Mark Einkünfte anbot, und gewiss darf man mit Recht hieraus entnehmen, dass Lothar und seine Partei auch Friedrichs Anhänger durch mehr oder weniger grosse Versprechungen zu gewinnen suchte. Wir haben allerdings keine directe Ueberlieferung von den Verhandlungen, die man mit Herzog Heinrich führte, doch dürfte die Vermutung, welche Jaffé [2]) und Gervais [3]) aussprechen, dass dem Sohne des Baiernherzogs Lothar die Hand seiner einzigen Tochter, der Erbin seiner reichen Güter, versprochen, viel Wahrscheinlichkeit für sich haben [4]). Der Verfasser unserer narr. scheint diese Unterhandlungen absichtlich verschwiegen zu haben, denn da man annehmen kann, dass der Erzbischof von Salzburg, welcher ja gerade vorgeschlagen hatte, Heinrich herbeizuholen, die Verhandlungen mit diesem im Namen Lothars geführt hat [5]), so ist es kaum denkbar, dass unser Verfasser als dem Erzbischof nahestehend ganz uneingeweiht in dieselben gewesen sein sollte.

Ausserdem aber ist es sehr auffallend, dass die narr., welche sonst die einzelnen Tage der Wahlverhandlungen immer genau unterscheidet [6]), hier die Sache so darstellt, als wenn der Herzog noch an demselben Tage, an dem die oben behandelten Ereignisse geschehen sind, also am 27. auf Lothars Seite getreten wäre, während wir doch gewiss wissen, dass die einstimmige Kur Lothars erst am 30. erfolgt ist [7]). Die Zeit vom 27. bis 30. muss also durch die Unter-

---

1) Narr. 7 ducentas marcas quibus eum rex prius inbeneficiare promiserat.
2) a. a. O. p. 34.
3) a. a. O. p. 20.
4) Die Monum. Welfor. c. 16 nennen die Gertrut, Lothars Tochter, im Jahre 1127 schon die Braut Heinrichs des Stolzen.
5) So werden wol am besten die Worte der vita Chuonradi a. a. O. zu verstehen sein: multum pro eo (Lothario) laborante Chuonrado Archiep.
6) C. 3 pridie; c. 4 postera vero die; c. 7 sequenti die. —
7) Ann. Disibodenberg 1125 (SS. XVII) Lotharius Calendis Septembr. Moguntiae constituitur.

handlungen mit Heinrich und den andern Anhängern Friedrichs ausgefüllt sein. So sehen wir auch hier wieder die narr. etwas verschweigen, was den Schein einer unrechtmässigen Wahl erwecken könnte.

Ohne Zweifel gelang es den Anstrengungen Lothars und seiner Partei noch manche andere Fürsten Friedrich abspänstig zu machen [1]), wie auch der Uebertritt Herzog Heinrichs auf Lothars Seite grossen Einfluss auf die Entschliessung vieler Wähler machen muste. Jedenfalls wurde Lothar am 30. August von den in Mainz versammelten Fürsten einstimmig zum König gekürt [2]). Einzelheiten über diese Kur gibt weder die narr. noch irgend eine andere Quelle an; doch müssen wir annehmen, dass wie bei der Wahl Konrads II. und Rudolfs von Rheinfelden zuerst der Erzbischof von Mainz Lothar, Herzog von Sachsen, zu seinem Herrn und König und zum Lenker und Verteidiger des Vaterlandes ernannte und erwählte [3]), nach diesem ebenso der übrige Klerus und dann auch die weltlichen Fürsten.

Zu diesen Grossen des Reichs, den principes regni oder wie sie auch einfach genannt werden, den principes, deren herkömmliches Recht ohne Zweifel das eigentliche Wählen des Königs war, gehörten die Erzbischöfe, Bischöfe und reichsfreien Aebte, ferner die Herzöge, Markgrafen, Pfalzgrafen und Grafen [4]). Sagt die narr. auch nichts bestimmtes

---

1) Ob überhaupt und welche Fürsten Friedrich von Schwaben treu blieben und sich gleich ihm der Kur und der Huldigung Lothars vorläufig enthielten, erfahren wir nicht; die narr. sagt c. 7 nur tercia demum die dux Fridericus ad curiam rediit et cum eo (Loth.) . . . . in gratiam . . . rediit.

2) So berichten die meisten Quellen übereinstimmend mit der narr.

3) So lautete die feierliche Wahlformel, mit welcher die deutschen Fürsten den König kürten: Wipo vita Chuonr. (SS. XI. 259) Archiepiscopus Moguntinonsis . . . laudavit et elegit majoris aetatis Chuononem suum in dominum et regem atque rectorem et defensorem patriae. Ganz ähnlich Berthold v. Reichenau (SS. V. 292) (Rudolfus) . . . in justum regem rectorem et defensorem totius regni Francorum laudatus unctus et ordinatus est.

4) Cf. Ficker Reichsfürstenstand I. p. 67.

über die Anzahl derselben [1]), so kann man doch aus dem Compromis auf 40 Fürsten schliessen, dass dieselbe noch sehr gross war [2]), da jene 40 voraussichtlich doch die Minderzahl aller Anwesenden ausmachten. Uebrigens scheint um diese Zeit schon eine Veränderung im Vergleich zu der früheren eingetreten zu sein. Früher handelten die Fürsten bei der Wahl nicht ganz allein, sie waren nur ideelle Vertreter des gesammten Volkes [3]). Wenn sie zur Wahlversammlung zogen, so erschienen sie an der Spitze ihrer Freien, in ihrer Mitte nahmen sie die Vorwahl vor, und bei der Kur stimmte das Volk dem Ausspruch der Fürsten durch lauten Ruf bei. Aber von einer solchen Mitwirkung des Volkes erfahren wir bei der Wahl Lothars nichts: Zwar sind die Fürsten auch diesmal mit ihrem Volke nach Mainz gezogen, aber sie versammeln sich zum Zweck der Wahl in der Stadt in einem Saale, und von dem Volke geschieht weiter keine Erwähnung, als dass die narr. cap. 4 sagt, die draussen stehende Menge habe dem Könige, ohne ihn noch zu kennen, zugejubelt. —

Nachdem Lothar so einstimmig von den Fürsten zum König erwählt ist, wird nach dem Bericht der narr. die bekannte Wahlcapitulation festgesetzt, in der Lothar auf die Rechte, welche durch das Wormser Concordat dem deutschen Könige hinsichtlich der Bischofswahlen eingeräumt waren,

---

1) Sie nennt nur 24 Bischöfe als gegenwärtig bei der Wahl.
2) Nach Staelin: Wirtembergische Geschichte II. gab es im 12. und 13. Jahrhundert allein in Schwaben 34 Fürsten und Grafen.
3) So richtet bei der Krönung Ottos I. Hildibert der Erzbischof von Mainz an das versammelte Volk die Worte: Si vobis ista electio placeat dextris in coelum levatis significate! (Widukind SS. III. 437). Wipo in der vita Cuonradi (SS. XI. 259) berichtet, nachdem er die Kur der Fürsten erzählt hat . . . fit clamor populi, omnes unanimiter in regis electione principibus consentiebant . . . Bei Rudolfs Wahl versammeln sich allerdings die Geistlichen zu der Vorwahl bei dem Erzbischof von Mainz, sodass das Volk nicht dabei zugegen gewesen sein kann; ob die weltlichen Fürsten in seiner Mitte ihre Vorberatung gehalten, erfahren wir nicht. Jedenfalls nahm das Volk an der folgenden Kur Rudolfs Anteil, wenn auch nur durch Zujauchzen. Dies geht deutlich aus Bertholds Worten (SS. V. 292) hervor: Hos (episcopos) sequitur sine mora totus senatus et populus.

verzichtete. Abgesehen von der Unwahrscheinlichkeit, dass nach der Kur noch eine solche Capitulation in Vorschlag gebracht ist, hat, wie bereits oben erwähnt, Friedberg[1]) schon früher nachgewiesen, dass Lothar ein solches Versprechen nicht eingegangen sein kann; zugleich aber hat Waitz[2]) gezeigt, dass aus den Worten der narr.: „Indem die gesammten Fürsten des Reichs so in der Wahl des Königs übereinstimmen, wird das Recht des königlichen Regiments und die Freiheit der Kirche für immer festgesetzt und mit Wahrung der Gränzen beider Gewalten unter Einfluss des heiligen Geistes urkundlich niedergeschrieben", eine wirkliche Sanction der folgenden Bestimmungen Seitens des Königs nicht zu entnehmen ist; und dass durch das folgende zwar der Inhalt eines Gesetzes, aber nicht eines vom König gegebenen oder bestätigten wiedergegeben wird. Trotzdem aber muss man der narr. den Vorwurf einer absichtlichen Fälschung machen, denn es lässt sich nicht leugnen, dass sie wenigstens den Schein einer Genehmigung Seitens des Königs erwecken will, welche man ja bis jetzt auch wirklich angenommen hat. Hätte der Verfasser aber an diese Genehmigung selbst geglaubt, so lässt sich nicht absehen, warum er dieselbe nicht geradezu erwähnt, dass er aber so möglichst unbestimmte Ausdrücke wählt, dass er absichtlich vermeidet die Genehmigung des Königs zu erwähnen, zeigt deutlich, wie er gewusst hat, dass sie in Wirklichkeit gar nicht gegeben war, trotzdem aber will er seine Leser, ohne eine directe Lüge auszusprechen, Glauben machen, dass eine solche Bestimmung getroffen worden sei[3]). —

Am Tage nach der Kur (31. August) nahm der neu erwählte König in feierlicher Versammlung die Huldigung

---

1) Forschungen VIII. p. 75 ff.
2) Ebendaselbst p. 89 ff.
3) Dabei bleibt es ja immerhin möglich, dass Adalbert und Konrad, welche beide eifrige Gegner des Wormser Concordats waren, oder auch die päbstlichen Legaten eine derartige Forderung aufgestellt, ja vielleicht auch Lothar unterbreitet haben, sodass die ganze Sache von der narr. nicht gerade erfunden zu sein braucht, obwol selbst dies nach den Erwartungen, welche die Geistlichkeit von Lothar hegte, nicht sehr wahrscheinlich erscheint. —

der Fürsten des Reichs entgegen [1]). Von vier und zwanzig Bischöfen, soviel waren in Mainz zugegen, und vielen Aebten empfieng er zuerst „zur Befestigung der Eintracht und des dauernden Friedens zwischen Reich und Kirche" den schuldigen Treuschwur [2]), aber keinem der Geistlichen nahm er, wie es doch Sitte war, das hominium ab. Auch die Wahrheit dieser letzten Nachricht der narr. ist schon früher bestritten [3]), und wie ich glaube mit Recht. Allerdings liegt in den Worten a nullo . . spiritalium . . . . hominium accepit vel coegit durchaus nicht, dass Lothar den Geistlichen den Lehnseid ein für allemal erlassen oder überhaupt als König darauf verzichtet habe; die Worte sagen nur: Lothar nahm bei seiner Huldigung das hominium von den Geistlichen weder an, wenn es ihm also jemand leisten wollte, noch erzwang er es, wenn Einer sich weigerte, es zu tun. Doch widerspricht dieser Behauptung sowol Ordericus Vit. [4]). als Albert [5]) von Stade, welche beide sagen, dass die Fürsten des Reichs dem Könige das homagium geleistet hätten, ohne die Bischöfe auszunehmen. Ebenso geht aus der Vita Cuonradi archiepisc. [6]) hervor, dass Konrad widerstrebt habe dem Könige das hominium zu leisten, Lothar es also doch verlangt haben muss. Dass Konrad wirklich den Lehnseid nicht geleistet hat, erscheint sehr glaublich, aber von den anderen Bischöfen dasselbe anzunehmen, dafür spricht aus-

---

1) Narr. c. 7: Denique rex Lotharius electus ab omnibus expetitus ab omnibus sequenti die in principum contione consedit . . . .

2) . . . . pro imperii reverentia pro confirmanda regni ac sacerdotii unanimi concordia et pace perpetua fidelitatem non indebitam de more suscepit.

3) Von Friedberg a. a. O. p. 88.

4) Order. Vit. SS. XX. 77. Archiepiscopus Mogunt. . . . . . . mox jussit ut omnes summi proceres antequam de illo campo migrarent in conspectu omnium Lothario mox hominium facerent. Protinus . . . omnes . . . praecipui magnates coram Lothario genua flexerunt homagium illi fecerunt eumque regem et augustum sibi praefecerunt.

5) Alb. Stad. SS. XVI. 322. Ipso (Loth.) celebriter electo principes tam sacramentis quam hominiis se ei astrixerunt.

6) Vita Chuonr. Salisb. SS. XI. 66. Inde est quod mortuo imp. Heinr. cum ei successisset Lotharius nunquam ei consensit hominium vel sacramentum fidelitatis offerre. Cf. Forschungen VIII. 88.

ser der narr. kein anderes Zeugnis, und es ist deshalb nicht unwahrscheinlich, dass der Verfasser der narr. das, was er von Konrad wusste, ohne weiteres auf alle Bischöfe übertragen hat, ob mit der Absicht zu täuschen oder aus Unkenntnis, muss man dahingestellt lassen. — Nach den Geistlichen beugten auch die weltlichen Fürsten vor dem Könige das Knie, leisteten Lehnseid und Treuschwur und empfiengen von ihm die Bestätigung ihrer Reichslehen.

Drei Tage noch nach der Wahl hielt sich Friedrich von Schwaben grollend über den Verlust der Krone, die er so sicher auf seinem Haupte zu sehen geglaubt hatte, von der Versammlung fern, bis es den Vorstellungen einiger Fürsten, namentlich des Bischofs Hartwig von Regensburg, nicht weniger auch seiner eigenen Einsicht, dass Widerstand vergeblich sei, gelang, sein stolzes Herz zu beugen [1]). Am zweiten September huldigte auch er dem nun wirklich einstimmig anerkannten Könige, aber die ihm jetzt aufs neue angebotene Belehnung mit 200 Mark schlug er aus [2]).

Nachdem so alle Verwicklungen friedlich geschlichtet waren, kündigte Lothar kraft königlicher Machtvollkommenheit einen allgemeinen festen Frieden auf fünfviertel Jahre für das ganze deutsche Reich an; der Friedensbrecher wurde mit den härtesten Strafen nach heimatlichem Rechte bedroht [3]).

Gleich darauf brach Lothar nach Aachen auf, um dort die kirchliche Weihe zu erhalten. Ein grosser Teil der Mainzer Versammlung war in seiner Begleitung. Die beiden päbstlichen Legaten, so berichtet Anselm. von Gembl. [4]), zwei Erzbischöfe, acht Bischöfe, viele Aebte und die ange-

---

1) Narr. 7. Videns itaque dux Fridericus contra dominum non esse consilium vel potentiam hominum ..... tercia demum die Ratisbonensi episcopi ceterorumque principum consilio precibusque correctus curiam rediit et .... debitam regi jam domino suo reverentiam extribuit.

2) Ducentas marcas ...... satis honeste refutans.

3) Narr. 7. Tandem compositis omnibus rex .. sub regiae majestatis obtentu pacem firmam in omni regno Teutonico usque ad Nativitatem Domini et ab inde ad annum usquequaque communiter indixit etc.

4) SS. VI. 380.

schensten Fürsten des königlichen Hofes folgten ihm dahin. Am 13. September wurde er dort vom Erzbischof von Koeln feierlich gesalbt und gekrönt [1]), während Geistlichkeit und Volk festliche Hymnen sangen.

Fassen wir zum Schluss die Resultate unserer Untersuchung kurz zusammen, so stellen sich die Vorgänge bei der Wahl Lothars folgendermassen fest: Nachdem die beim Leichenbegängnis Heinrichs V. in Speier versammelten Fürsten, an ihrer Spitze Adalbert von Mainz, einen Wahltag auf den 24. August ausgeschrieben und sämmtliche Fürsten zur Teilnahme aufgefordert haben, benutzt Adalbert die Zwischenzeit, dem Herzog Friedrich von Schwaben die Reichsinsignien durch betrügerische Versprechungen und andere Intriguen abzulocken.

Die Wahl selbst wird eingeleitet mit der Ordination des Bischofs von Brixen, womit der 24. August hingegangen zu sein scheint. Am zweiten Tage versammeln sich dann sämmtliche Fürsten in Mainz, ausser Friedrich, welcher nach einer Besprechung mit seiner Partei einstweilen fern zu bleiben beschlossen hat, und wählen, nachdem sie, angeregt durch die ebenfalls anwesenden päbstlichen Legaten, die Hymne „Komm heiliger Geist" angestimmt haben, auf Adalberts Vorschlag Vierzig aus ihrer Mitte, denen sie die Vorwahl überlassen, statt in ihrer Gesammtheit dieselbe vorzunehmen. Fast den ganzen Tag dauert die Beratung dieses Ausschusses, der endlich drei Fürsten als des Trones ganz besonders würdig bezeichnet: Friedrich, Herzog von Schwaben, Leopold, Markgraf von Oestreich und Lothar, Herzog von Sachsen. Um von diesen Einen in namentlicher Abstimmung zum König zu küren, versammeln sich die Fürsten am folgenden Tage wieder, wobei jetzt auch Friedrich zugegen ist. Ehe aber die Kur selbst beginnt, fragt Adalbert die Designierten, ob jeder von ihnen dem andern, den die Wahl der Fürsten zum König erheben würde, Gehorsam und Unterwerfung verspräche, worauf Lothar und Leopold bejahend, Friedrich aber ausweichend antwortet, zuvor den Rat seiner Freunde

---

1) Anselm. v. Gemb. 1125. Ann. Disibod. 1125 Ann. Bosovieus. 1125.

einholen zu wollen erklärt und darauf mit Herzog Heinrich von Baiern und seinen übrigen Anhängern die Versammlung verlässt. Trotzdem versammelt Adalbert am 27. August seine Anhänger wieder, und nachdem Lothar und Leopold auf seine Frage auf ihre Designation verzichtet haben, wird die Vorwahl für aufgehoben betrachtet und eine Neuwahl beschlossen. Ehe es aber dazu kommt, wird Lothar von einigen Fürsten, welche sehr wahrscheinlich von Adalbert und dem Cardinal bearbeitet waren, stürmisch zum König ausgerufen. Der Widerspruch einiger Bischöfe wird durch die Drohungen des Cardinals beschwichtigt, und so diese Erhebung Lothars als die formelle Vorwahl angesehen. Darauf beschliesst man, vor der Kur mit Friedrich und seiner Partei Unterhandlungen zu beginnen. Friedrich weist alle Anerbietungen von sich, desto mehr aber richten die schlauen und eifrigen Anstrengungen der lotharischen Partei, namentlich der drei Erzbischöfe von Mainz, Salzburg und Köln bei seinen Anhängern aus. Der grösste Teil derselben wird für Lothar gewonnen, und endlich auch Heinrich von Baiern wol durch das Versprechen Lothars seine einzige Tochter dem Sohne des Herzogs zu verloben, bewogen von Friedrich abzufallen, sodass am 30. Lothar fast einstimmig zum König gekürt wird. Am folgenden Tage nimmt dieser die Huldigung der Fürsten entgegen, ohne den Geistlichen, ausser Konrad von Salzburg, das hominium zu erlassen. Nachdem dann am 2. September auch Friedrich sich unterworfen hat, und ein allgemeiner Reichsfriede auf fünf viertel Jahre angesagt ist, begibt sich der König in Begleitung vieler Grossen nach Aachen, wo ihm am 13. September die Krone aufgesetzt wird.

Einige neuere Historiker [1]) nehmen an, dass die Wahl Lothars hauptsächlich bewirkt sei durch das Streben der

---

1) So Wattenbach in der praefatio zur Ausgabe der narr. SS. XII. 509. Lotharii regis electio ea de causa praecipue notabilis est, quia tum primum praevaluit sententia episcoporum, qui hereditariam regum successionem tamquam simoniae cujusdam speciem abominabantur et liberam tam in regno quam in sacerdotiis electionem postulabant. Ebenso Sugenheim in seiner Gesch. des deutschen Volkes und seiner Kultur II. p. 314.

deutschen Fürsten, namentlich der Geistlichen, den Grundsatz, dass das deutsche Reich ein Wahlreich sei, und der schon 1077 von einem Teile der Fürsten aufgestellt war, jetzt zu allgemeiner Geltung, zu vollkommener Durchführung zu bringen. Dieser Ansicht kann ich nicht ganz beistimmen. Weder in dem Briefe der Fürsten an Otto von Bamberg wird etwas derartiges angedeutet, noch ist irgend einer Quelle, die von der Wahl berichtet, ein solches Streben der Fürsten bekannt; auch die narr. weiss ausser einer leisen Andeutung in der Frage Adalberts an Friedrich von Staufen nichts davon[1]). Vielmehr muss man, glaube ich, annehmen, dass die Wahl ein Werk der Geistlichkeit, namentlich Adalberts, war, weil sie Lothar für schwach genug hielt, ihren Absichten und Forderungen keinen Widerstand in den Weg zu setzen, weil sie glaubte unter diesem frommen Könige zur völligen Freiheit und auch zur unbedingten Oberherrschaft in Deutschland kommen zu können, während sie unter einem Friedrich von Schwaben, der Jahre lang ihr erbitterter Feind gewesen war, das Gegenteil fürchtete. Es ist immerhin möglich, dass der Gedanke des freien Wahlrechts von der Geistlichkeit benutzt wurde, die Anhänger Friedrichs von diesem zu trennen und auf Lothars Seite zu bringen, auch dass wirklich mancher Fürst gerade durch diese Vorstellung leichter bewogen wurde von Friedrich abzufallen, aber dass es nur dieser Zweck oder auch dass dies der Hauptzweck war, der die Fürsten Friedrich verwerfen und Lothar wählen liess, kann man nicht sagen.

Es ist bekannt, dass die Geistlichkeit sich in Lothar getäuscht, dass er sein Regiment viel kräftiger zu führen verstand, als sie gehofft hatte, da sie ihn wählte[2]). Voll

---

1) Cap. 3: utrum ipse quoque sicut et ceteri ad totius ecclesiae regnique honorem et liberae electionis commendationem perpetuam idem . . . facere vellet.

2) Ann. Saxo 1137 (SS. VI): Merito a nobis nostrisque posteris pater patriae appellatur, quia erat egregius defensor et fortissimus propugnator nihili pendens vitam suam contra omnia adversa propter justiciam opponere et ut magnificentius de eo dicamus, in diebus ejus populus terrae non pertimuit. Unusquisque enim sua liberaliter pacificeque possidebat.

Lobes sind die Schriftsteller des nördlichen Deutschlands darüber [1]), dass „in den Tagen Kaiser Lothars ein neues Licht zu scheinen begann, dass nicht bloss in Sachsen, sondern im ganzen Reiche die Zeiten beruhigt, die Dinge im Ueberfluss, zwischen Reich und Kirche Frieden war." Selbst Otto von Freising muss gestehen: „Wäre nicht der Tod ihm zuvorgekommen, er hätte sicherlich die frühere Würde des Reichs wieder hergestellt [2])", und so kann man die Wahl der Fürsten wohl eine glückliche nennen. Andererseits aber rief dieselbe Wahl einen zehnjährigen Kampf zwischen dem Könige und den Staufern hervor, der die Gegenden Süddeutschlands schrecklich verwüstete, der ferner auch den Grund legte zu der Feindschaft zwischen Staufern und Welfen, jener Feindschaft, die nicht weniger als der Kampf mit dem Pabsttum der deutschen Kaisermacht unter den Hohenstaufen den Todesstoss versetzt hat.

---

[1]) Helmoldi chronica Slavorum I. 41.
[2]) Chronicon VII. 20. Futurus nisi morte praeventus foret cujus virtute et industria corona imperii ad pristinam dignitatem reduceretur.

Excurs.

Es scheint herkömmlich gewesen zu sein, die deutsche Königswahl in zwei Handlungen zu trennen [1] [2]. Sowol bei der Wahl Konrads II. als bei der Rudolfs von Rheinfelden, den einzigen, von denen uns vor der Lothars ausführlichere Nachrichten überliefert sind, lassen sich genau zwei Akte unterscheiden, die Vorwahl designatio und die Kur laudatio. Auch bei der Wahl Lothars wird man diese beiden Handlungen zu trennen haben. Die Beratung des Ausschusses von 40 Fürsten entspricht der Vorwahl, während die Worte der narr. cap. 6 . . . unanimi consensu ac petitione . . . . Lotharius rex deo placitus sublimatur in regnum für die Kur anzunehmen sind. Man erkennt aus den Quellen, dass die Vorwahl in verschiedener Weise vorgenommen wer-

---

1) Wipo: Vita Chuonradi cap. 2: . . Cum diu certaretur quis regnare deberet . . . . . inter multus pauci electi sunt et de paucis admodum duo sequestrati sunt . . . . . Erant duo Chuonones — — — — — Archiepiscopus Mogunt. . . . . rogatus a populo quid sibi videretur . . . . laudavit et elegit majoris aetatis Chuonomen suum in dominum et regem atque rectorem et defensorem patriae. Hanc sententiam caeteri archiepiscopi . . . . sequebantur. — — — Tunc singuli de singulis regnis eadem verba electionis saepissime repetebant: fit clamor populi, omnes unanimiter in regis electione principibus consentiebant, omnes majorem Chuononem desiderabant.

2) Berthold v. Reichenau SS. v. 292. Tandem sane totum senatorum nec non populi novarum rerum cupidi collegium, episcoporum primum utpote spiritalium virorum, divinum et spiritale nominandi et eligendi regis dum exspectaret attentissime suffragium, dux Alemanniae Rudolfus primum a Mogontino episcopo deinde a caeteris in regem ab eis nominatus et electus est. Hos sequitur sine mora totus senatus et populus . . . .

den konnte. Im Jahre 1024 wird die Vorwahl von der Gesammtheit der Fürsten angestellt, dagegen berathen bei der Wahl Rudolfs die geistlichen und weltlichen Fürsten besonders, und bei der Lothars endlich wird die Vorwahl 40 Fürsten überlassen. Bei der Kur dagegen sind sämmtliche Fürsten jedesmal vereint und wählen in namentlicher Abstimmung den König, wobei der Erzbischof von Mainz die erste Stimme abgibt. Schon Phillips [1]) hat nachzuweisen gesucht, dass die Vorwahl für die Kur entscheidend gewesen sei, das heisst, dass die Fürsten bei der namentlichen Abstimmung sich nicht von dem Resultat der Vorwahl entfernen, also nicht einen anderen als einen der Designierten oder, falls nur einer designiert war, als diesen küren durften. Dagegen sagt Grund [2]): „Eine solche Vereinbarung über die zu wählende Person war durchaus noch nicht bindend für die einzelnen Fürsten; das erhellt deutlich aus den Worten, welche Wipo [3]) den älteren Konrad an seinen jüngeren Vetter richten lässt, und auch Bertholds [4]) Angabe lässt es erkennen, wenn er sagt: „„Während das ganze Collegium der Senatoren und des Volkes sehr gespannt auf die erste Stimme der Bischöfe wartete, wurde Rudolf zuerst vom Bischof von Mainz u. s. w. König genannt und erwählet.““ Die Fürsten wären nicht so gespannt auf des Erzbischofs Votum gewesen, wenn er sich an den Beschluss der Vorwahl hätte halten müssen." Was zuerst Bertholds Bericht betrifft, so scheint mir derselbe nicht für Grunds Annahme zu sprechen. Denn B. hat vorher erzählt [5]), dass die geistlichen und weltlichen Fürsten in der Vorwahl besonders für sich berathen haben, und also der Candidat des einen Standes dem andern nicht bekannt war. Daraus folgt ganz natürlich, dass bei der Kur der senatorius ordo die weltlichen Fürsten und das Volk — und nur diese, nicht aber auch die Geistlichen — gespannt auf die erste Stimme der Bischöfe warten, da diese

---

1) Vermischte Schriften III.
2) Die Wahl Rudolfs von Rheinfelden p. 75 f.
3) Wipo V. Chuonr. ... si invicem discordamus, certum est quod populus tunc velit nos deserere ac tertium quemlibet sibi quaerere. —
4) Cf. oben p. 59. Anm. 2.
5) Cf. oben p. 27. Anm. 1.

ja möglicherweise einen anderen Candidaten als die weltlichen Fürsten hätten aufstellen können. Ebensowenig wird sich Grunds Ansicht auf Wipos Worte stützen können. Wenn man dieselben überhaupt nicht als einen unwichtigen Zusatz des Autors ansehen will, so wird man aus ihnen nur das Recht der Fürsten entnehmen können, in gewissen Fällen, also z. B. wie hier, um einen voraussichtlichen Bürgerkrieg zu vermeiden, die geschehene Vorwahl aufzuheben und eine ganz neue zu veranstalten.

Dagegen sprechen mehrere Quellen für die Annahme, dass das Resultat der Vorwahl für die Kur bindend gewesen sei. So sagt Bruno [1]): Ex multis . . . . . . tandem Rodulfum . . . . regem sibi Saxones et Suevi concorditer elegerunt. At cum singuli deberent eum regem laudare quidam voluerunt . . . . . d. h. „als die Einzelnen ihn, nämlich den in der Vorwahl designierten Rudolf, als König bei Namen nennen sollten"; Worte, die die Möglichkeit noch einen anderen, als den in der Vorwahl designierten zu küren, doch geradezu ausschliessen. Noch deutlicher erhellt dies aus dem Sachsenspiegel [2]): Sint kiesen des rîches vürsten alle pfaffen und leien. Die zû me êrsten anme kure genant sint, die ensuln nicht kiesen nâh irme mûtwillen; wen swen die vürsten alle zu kunge erwelen den suln sie aller êrst bie namen kiesen; hiermit ist ganz klar gesagt, dass die Fürsten sich bei der Kur nicht von den in der Vorwahl aufgestellten Candidaten entfernen durften. Allerdings fällt die Abfassung des Sachsenspiegels in eine verhältnismässig späte Zeit, doch sind die in ihm angedeuteten Wahlvorgänge im wesentlichen noch dieselben, wie wir sie zwei Jahrhunderte früher bei Konrads II. Wahl finden: Eine Vorwahl, an der alle Fürsten teilnehmen, und eine Kur, in der der König von den Einzelnen bei Namen genannt wird, nur dass sich zur Zeit des Sachsenspiegels das Recht der sieben späteren Kurfürsten, ihre Stimme zuerst an der Kur abzugeben, schon ganz ausgebildet, während früher ein solches Recht nur dem Mainzer Erzbischof zugeschrieben wird. — Wenn nach unserer

---

1) Bruno de bello Saxonica SS. V. 365.
2) Ssp. III. 57. §. 2.

narr. die Fürsten der Wahl der 40 noch besonders ihre Zustimmung geloben, so geschieht das hier, weil nicht die Gesammtheit der Wahlberechtigten an der Vorwahl teilnahm, und man darf daraus nicht schliessen, dass diese Zustimmung sich an den oder die Designierten bei der Kur halten zu wollen, nicht etwas sonst ganz selbstverständliches gewesen wäre. Auch die zweite Frage des Erzbischofs zeigt die Auffassung jener Zeit von der Wahl. Die beiden Candidaten werden aufgefordert sich des Rechts zu begeben, welches sie durch ihre Designation in der Vorwahl erworben haben, eben des Rechts, dass die Fürsten keinen anderen als Einen von ihnen zum König küren durften. — Ich muss mich deshalb gegen Grund zu der von Phillips vertretenen Ansicht bekennen.

Auf diese Weise war die Kur, wenn wie z. B. bei Rudolfs Wahl nur Einer designiert wurde, ein Akt reiner Formalität, aber erst wenn sie vollzogen war, bekam der Erwählte den Namen rex und konnte, wie es scheint, auch königliche Rechte ausüben, selbst wenn auch die Huldigung und die feierliche Krönung noch nicht geschehen war. Wenigstens erzält Wipo[1]) von Konrad, dass auf dem Wege zur Krönung — die Huldigung fand erst nach der Krönung statt —, drei Personen mit verschiedenen Klagen vor ihn getreten seien, und dass er kraft seines königlichen Amtes Recht gesprochen hätte. Ebenso erfahren wir aus der narr., dass Lothar noch in Mainz einen allgemeinen Reichsfrieden angesagt, also auch schon vor seiner Krönung königliche Rechte ausgeübt habe[2]). Dagegen sagt der Sachsenspiegel[3]): Swen der (kung) gewîhet wirt von den bischofen, die dâ zû gesazt sint, und uffen stûl zu Ache kümt sô hât her kungliche gewalt unde kunglichen namen. Ebenso heisst es im Schwabenspiegel[4]): Svenne er (der künic) gewihet wirt, unde uf den stul ze Ache gesezet wirt mit der willen die en

---

1) Wipo a. a. O. cap. 5.
2) Narr. c. 7. . . rex praedictus sub regiae majestatis obtentu pacem firmam in omni regno Teutonico . . . . indixit.
3) Ssp. III. 52. §. 1.
4) Schws. c. 98.

erwelt han: so hat er volleclichen des riches gewalt unde kaiserlichen namen. Also scheint im dreizehnten Jahrhundert der König erst nach der Weihe in seine vollen Rechte eingetreten zu sein. Wann die Huldigung erfolgte, scheint nicht bestimmt gewesen zu sein. Bei Otto I. erfolgt sie vor der Krönung [1]) durch den Erzbischof von Mainz, bei Konrad II. nach derselben [2]), dagegen huldigen die Fürsten Rudolf und Lothar wieder [3]), ehe diese die feierliche Weihe erhalten hatten. —

Ich kann diese Arbeit nicht schliessen, ohne noch eine angenehme Pflicht zu erfüllen, indem ich Herrn Professor Waitz für die eingehende Besprechung, die er dieser Untersuchung hat zu Teil werden lassen, wie für die vielen Anregungen zu meinen sonstigen Studien meinen herzlichsten Dank ausspreche.

---

1) Widukind II. 1.
2) Wipo V. Chuonr. 4.
3) Berthold SS. V. 292.